タイプ別
対処法を
伝授！

超役立つ！ 社会人の常識手帳

伝わる 話し方のコツ

西任暁子 監修

ナツメ社

は じ め に

　今、この本を手に取ってくださったあなたは、どんな話し方の悩みをお持ちでしょうか？ とお尋ねするのは、人によってその悩みはさまざまで、その対処法も異なるからです。

　たとえば、言いたいことを言えない人は、「これは単なるアイデアの段階なのですが」など、切り出す言い方をいくつか覚えることをおすすめします。このような言葉ではじめれば、「そんなの実現不可能だろ！」「もっとよく考えてから話せ」などの強い反論を避けることができるからです。あるいは、話を聞けない、つい自分の話ばかりしてしまう、という人は、まず自分の頭に録音するように相手の話を聞く練習が役立つでしょう。

　このように、話し上手になるための方法は、今あなたが立っている場所によって異なります。だからまず見つけたいのは、今の自分と未来の自分です。今のあなたは、どんなコミュニケーションをしていますか？ そして話し上手になった未来のあなたは、どんなことができるようになっているでしょう？ 今と未来が見えたら、あとはその間をつなぐステップを歩んでいくだけ。この本ではその具体的なやり方をご案内しています。

どんな人でも、必ず伝わる話し方ができるようになる

こういわれるとあなたは、本当かな？　と半信半疑に思うかもしれません。でも私は、これまで数多くのビジネスリーダーに指導してきた経験から確信を持ってそう言うことができます。文字どおり、本当に誰だって、思いを伝え、お互いに理解し合いながら生きていくことは可能なんです。ただそのためのやり方を知らないことと、そういう言葉のやりとりに接した経験も少ないので、だから自分がそうなれるイメージを持てないだけなんです。

　話し方に正解はありません。100人いれば、100通りの話し方があります。だって、同じものを見たり聞いたりしても、感じ方は全員違いますね。だからほかの人と同じでなくていい。大切なのは、あなたが感じていること、考えていることにふさわしい言葉と声を見つけてあげられること。そして自分の内側に広がる世界が、声と言葉になって外側に飛び出していくのをじゃましている不安や思い込みを手放していくことです。自分の思い描くような言葉と声で自己を表現できたら、あなたという人をもっと周りの人にわかってもらえるでしょう。そして、あなた自身も周りの人たちを理解できるようになって、人間関係が変わっていくはずです。

　どうかこの本の中に、あなたの未来への最初のステップが見つかりますように。

西任 暁子

本書の使い方

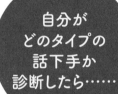

自分が
どのタイプの
話下手か
診断したら……

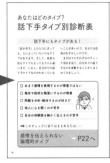

あなたはどのタイプ？
話下手タイプ別診断表

TYPE 01 論理的すぎる人の克服法

対策1 具体的なエピソードを盛り込む

テレビで芸能人が話すエピソードを聞いていると、まるで自分もその場にいたかのような気持ちになりませんか？何を見たのか、何を聞いたかなどの五感情報や、どう感じたのかなどの感情を省略せずに話すと、話に具体性が増し、聞き手は話に引き込まれていきます。

話の登場人物になりきって、ところどころセリフを交えて話すことも大切です。話が立体的になり、聞き手が飽きづらくなる効果があります。ただし、セリフが多すぎるとわかりづらくなるので適度な量を◎。

また、エピソードを話す際は結論から話さず、「どうなるんだろう」と聞き手が巻き込むように話すのがポイントです。

◀))Lesson!

小説のように話してみる

- 友達の結婚式に行った。花嫁の手紙がよかったよ
  何がよかったのか、具体性がなく聞き手は共感しようがありません。

- 花嫁の手紙の○○という部分に胸を打たれてね…
  花嫁の手紙の一部を具体的に紹介し、自分の感情を説明しているので、聞き手はイメージを広げやすくなります。

使えるフレーズ

たとえばね……

POINT 具体的な事例やたとえ話をすると、聞き手は抽象的な話を理解しやすくなります。また「こんなことがあったんだけど」と体験談を話すのも◎。

具体的に言うと……

POINT 抽象的な説明だけでは、聞き手はいまいち理解してくれません。話す際は、常に具体的な例を出すようにして話をふくらませましょう。

○○が見えた／○○が聞こえた

POINT 「そのときこんな△△が目に入って」「そのとき自分に□□と言っているのが聞こえて」というように、自分が実際に見たこと、聞いたことなど五感の情報を話します。

そのとき○○さんが"△△"って言ったんだ

ADVICE 実際に交わされたセリフを加えるだけで、話のスパイスになります。もちろんセリフを完璧に再現する必要はありません。

話下手のタイプに合わせた練習方法や克服するためのコツを紹介しています。どのワザも誰でもすぐに取り組むことができるので、簡単に実践することができます。

そのタイプの人が克服するための、便利なフレーズを紹介します。どのフレーズも使い勝手が抜群なので、活用するだけで、話し方が改善されること間違いなし。

本書は、「話し方が苦手」な人をそれぞれのタイプに分類して、各タイプ別に特化した克服方法を紹介しています。使えるフレーズも豊富に掲載しているので、すぐに活用することができます。

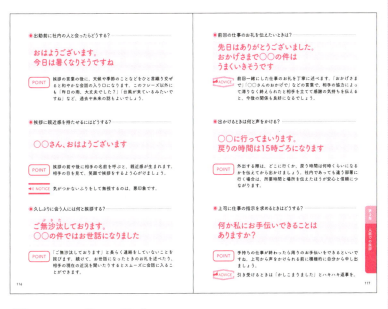

困ったときに使える
フレーズをシーン別に紹介！

日常やビジネスにおいて、話し方で困ったことが起こったときに使えるフレーズを集めました。悩む人が多いシチュエーションばかりなので、このフレーズを覚えればもう困ることはないでしょう。

● アイコン

POINT
フレーズを言うときのポイントやなぜそのフレーズが大切なのかを解説します。

NOTICE
フレーズを言うときに「こうすればよりよい」というアドバイスを説明します。

ADVICE
フレーズを言うときに注意することや言ってはいけないことを説明します。

CONTENTS

はじめに ……… 2
本書の使い方 ……… 4

第1章 話し方が苦手とは？

「話が苦手」な人ってどんな人？ ……… 16

あなたはどのタイプ？話下手タイプ別診断表 ……… 18
- CASE01 論理的？感情的？ ……… 22
- CASE02 ひと言多い？言葉足らず？ ……… 24
- CASE03 話さない？話しすぎる？ ……… 26
- CASE04 人が怖い ……… 28

5タイプの話下手に分類できる！ ……… 29
- TYPE01 論理的すぎる人 ……… 30
- TYPE02 感覚的すぎる人 ……… 32
- TYPE03 話しすぎる人 ……… 34
- TYPE04 自己主張できない人 ……… 36
- TYPE05 人付き合いが苦手な人 ……… 38

《COLUMN 01》初対面の人と話す話題 ……… 40

第2章 タイプ別克服法

TYPE 01 論理的すぎる人の克服法

- 対策1 具体的なエピソードを盛り込む ……… 44
- 対策2 ひらがなで話す ……… 46
- 対策3 感情を声で表現する ……… 48
- 対策4 相手を主役にして話す ……… 50
- 対策5 相手の話を評価・判断しない ……… 52

TYPE 02 感覚的すぎる人の克服法

- 対策1 曖昧(あいまい)な箇所を具体的に ……… 56
- 対策2 接続詞を的確に使う ……… 58
- 対策3 今、話していることに集中する ……… 60
- 対策4 話し相手と情報を共有 ……… 61
- 対策5 本筋に戻れるランドマークを作っておく ……… 62

TYPE 03 話しすぎる人の克服法

- 対策1 満足するまで話さない ……… 66
- 対策2 人の話をよく聞く ……… 68
- 対策3 目的から逆算して話す ……… 70
- 対策4 一質問一主張 ……… 72

対策5 相手の話を伝え返す ……… 74

TYPE 04 自己主張できない人の克服法
対策1 自己主張すると相手が安心できると考えよう ……… 78
対策2 心のうちをそのままに話す ……… 80
対策3 相手に嫌われる怖さを手放す ……… 82
対策4 未来を先取りして明るく話す ……… 84
対策5 相手を褒めて雰囲気をよくする ……… 86

TYPE 05 人付き合いが苦手な人の克服法
対策1 無理に話す必要はない ……… 90
対策2 気まずい「間」を怖がらない ……… 92
対策3 質問スキルをアップ ……… 94
対策4 あいづちのバリエーションを増やす ……… 96
対策5 顔の筋肉をマッサージ ……… 98

《COLUMN 02》クッション言葉を身につけよう ……… 100

脱！話下手！話上手になるためのプラクティス……… 101

プラクティス1 手本を決めてマネをする

すべらない話のマネをする……… 102

しゃべり口調の本を朗読する……… 104

尊敬する人の講演を反復する……… 106

プラクティス2 話すことを文字に起こす……… 108

プラクティス3 自分の話していることを録音・録画する……… 110

プラクティス4 相手が話したことを伝え返す……… 112

第3章 困ったときの対策

CASE01 人前での挨拶… 115
CASE02 会議中・プレゼン… 120
CASE03 取引先との雑談… 126
CASE04 初対面の人との会話… 130
CASE05 朝礼… 134
CASE06 上司との会話… 138
CASE07 電話をかける・受ける… 144
CASE08 お詫び… 150
CASE09 クレーム対応… 156
CASE10 交渉・依頼… 162
CASE11 報告… 168
CASE12 注意・指摘… 172

別冊付録

話下手な人でもこれさえ知っておけば大丈夫！
使えるフレーズ集

- ❶ 名刺交換 …… 2
- ❸ 営業 …… 6
- ❺ 断り …… 10
- ❼ 報告 …… 14
- ❾ 相談 …… 18
- ⓫ 電話をかける …… 22
- ⓭ お礼 …… 28

- ❷ 訪問 …… 4
- ❹ 交渉・依頼 …… 8
- ❻ 仲裁 …… 12
- ❽ 連絡 …… 16
- ❿ 会議・プレゼン …… 20
- ⓬ 電話を受ける …… 25
- ⓮ お詫び …… 30

STAFF

ブックデザイン	TYPEFACE（AD.渡邊民人 D.小林麻実）
DTP	NOAH
漫画・イラスト	ふじいまさこ
校正	情報出版
編集協力	バブーン株式会社（茂木理佳、川上萌、高橋清彩、矢作美和）
編集担当	山路和彦（ナツメ出版企画株式会社）

第一章
話し方が苦手とは？

「話が苦手」な人ってどんな人?

最初から話上手な人はいない!

　初対面の人と会話するとき、何を話してよいのかわからない、途中で何を言いたかったのか自分でもわからなくなる……このように、話すことに悩みや不安を抱える人は少なくありません。中には「話下手の自覚はあるけれど、仕事に支障はないからこのままでいい」と思う人もいるでしょう。しかし、話すことはどんな職業にも不可欠なスキルです。

　なぜ自分が話下手なのか、その原因がわかれば話上手になるスキルが簡単に身につくはずです。

あなたは話下手？ チェックシート

☐ 初対面の人と話すのが苦手だ

☐ 人前で話すと緊張してしまう

☐ 一生懸命説明したのに、
　相手が理解してくれなかったことがある

☐ 「おしゃべり」と呆れられたことがある

☐ 沈黙が怖い

☐ 「えーっと」「あのー」は口グセだ

☐ 声の小ささを注意されたことがある

☐ 話していて結局何を話したかったか
　よくわからなくなる

☐ 相手の話を聞くより自分が話したい

☐ 疑問形で話すことが多い

☐ 電話や直接話すよりメールのほうがラクだ

➡ 3個以上当てはまったら**話下手の可能性！**

第1章　話し方が苦手とは？

あなたはどのタイプ？
話下手タイプ別診断表

話下手にもタイプがある！

「話が苦手」とひと口に言っても、人によっていろいろなタイプがあります。そして、改善方法もタイプによってもちろん違います。しかし、自分がどの話下手タイプなのかわかっていないことが多いので、自分では改善がむずかしいのです。

まずは下のそれぞれのチェック項目を見て、自分がどの話下手なのか診断することからはじめてみましょう。

☐ あまり感情を表現するのが得意ではない

☐ 報告や説明を簡潔にするのが得意

☐ 問題を分析・解決するのが好きだ

☐ 他人に心を開くのが苦手

☐ 自分の体験談を細かく伝えるのが苦手

➡ このチェックに当てはまるあなたは……

感情を伝えられない論理的タイプ ➡ P22へ

- ☐ 思いついたことはそのまま口に出してしまう
- ☐ 話していると感情が高ぶりやすい
- ☐ 物事はイメージで捉えるのが得意
- ☐ 理路整然と話すのは苦手だ
- ☐ 直感で判断することが多い

➡ このチェックに当てはまるあなたは……

論理的に話せない感覚的タイプ ➡ P23へ

- ☐ 自分のひと言で相手が不機嫌になることがある
- ☐ 感情的になりやすい
- ☐ 褒めることは甘やかすことになると思う
- ☐ 「でも」「ていうか」「そうはいっても」が口グセだ
- ☐ どちらかと言うと早口だ

➡ このチェックに当てはまるあなたは……

ひと言多いタイプ ➡ P24へ

第1章 話し方が苦手とは？

- □ 「何が言いたいの？」と言われる
- □ カタカナ語や専門用語など
　むずかしい言葉を使うのが好きだ
- □ よく人から「根拠は？」「なぜ？」などと
　聞かれることが多い
- □ 文章より絵のほうが得意だ
- □ どちらかというとせっかちだ

➡ このチェックに当てはまるあなたは……

言葉足らずなタイプ　➡ P25へ

- □ 話すより聞く方がラク
- □ 人に嫌われるのが怖い
- □ 人と話しているときは沈黙になるのが怖い
- □ 自分の意見を言うのは苦手だ
- □ 思っていることが
　すぐに言葉にならない

➡ このチェックに当てはまるあなたは……

話さないタイプ　➡ P26へ

- ☐ 相手の話をなかなか最後まで聞けない
- ☐ 人にアドバイスをするのが好きだ
- ☐ 自分の体験談を話したり、説教をしたりするのが好きだ
- ☐ メールより電話が好き
- ☐ 何を言いたいのか途中でわからなくなる

➡ このチェックに当てはまるあなたは……

話しすぎるタイプ　　➡ P27へ

- ☐ 人と関わるのが面倒くさい
- ☐ どちらかというとひとりでいるほうがラクだ
- ☐ 初対面の人と話すときは萎縮してしまう
- ☐ 会話してもうまくいかないのではと不安になる
- ☐ 人がたくさんいるとどっと疲れる

➡ このチェックに当てはまるあなたは……

人が怖いタイプ　　➡ P28へ

CASE 01 論理的？ 感情的？

感情を伝えられない

　自分が何を感じているのかを言っているつもりで評価や判断を口にしがちです。心を開いて感情を言葉にすることができないのは、感情よりも思考優位だから。

　感情を伝えると、相手も心を開いてくれるので距離が縮みやすくなり、結果として信頼関係を築きやすくなります。

＼ こんなときに！ 使えるフレーズ ／

□□だから（理由）○○してもらえると、
△△（感情）なのですが、やってもらえませんか？

お願いしたい理由と、相手がそのお願いを聞いてくれた未来を想像して気持ちを伝えます。

○○という言葉を耳にして、今△△（感情）な
気持ちがしています。なぜなら……

相手の発言によって、自分の気持ちが動いたときに使いましょう。

○○してくださって、ありがとうございます。
本当に△△（感情）です

ただ「ありがとう」と言わず、相手の言動の何に感謝しているのかを感情とともに伝えます。

論理的に話せない

主観と客観を混ざり合わせて話してしまいます。また、自分の頭の中で見えていることを相手も見えていると思って話しがちなので、話のつながりや意味が理解されません。

客観的情報を入れて論理的に話すと、異なる価値観を持つ人もあなたのことを理解し、受け入れてくれるでしょう。

＼ こんなときに！使えるフレーズ ／

これはあくまで私の考えなのですが……

主観的情報をつけ加えたいときは先にこう言うと、相手は安心して聞くことができます。

まず結論から申し上げます

こう切り出すと、前提ではなく結論から言わざるを得なくなります。

長くなってすみません。まとめますと……

簡潔に話そうと思いながら話が長引いたり、主観的に話してしまったと気づいたときにこう言えば論理的に自分を引き戻すことができます。

CASE 02 ひと言多い？ 言葉足らず？

ひと言多い

「自分を承認してほしい」「自分を理解してほしい」という欲求を満たそうとして衝動的に話してしまうため、余計なひと言が多くなってしまいます。

また、感情的になって冷静さを失い、相手が言ったことに反射的な反応で返してしまうことも、ひと言多くなる理由のひとつです。

こんなときに！ 使えるフレーズ

すみません、ひと言多かったですね

つい余計なひと言を言ってしまったら、直後につけ足してフォローします。

へえ、よかったね。でも（マイナスな余計なひと言）になっちゃいそうだね。でも（プラスなひと言）になるといいね

「でも」と言ってしまった後にもう一度「でも」を加えて元に戻します。

もし、気に障ることだったらごめんなさい

余計なひと言なのかわからないけれど言ってみよう、というときに使います。

そうですよね。今のにつけ加えると……

ひと言多い人は「でも」などの否定的な接続詞を使いがち。肯定的な接続詞にするだけで、余計なひと言ではなく、会話を建設的に進める話を続けられるようになります。

言葉足らず

主語や目的語、理由を省いて話してしまいがちなので、いきなりな話し方になります。

また、むずかしい言葉を使ってもフォローしないなど、聞き手を気遣って話すのが苦手です。自分の言葉から相手が思い浮かべている映像を常に想像しましょう。相手をよく観察しながら話すことです。

こんなときに！使えるフレーズ

〇〇（主語）が（は）……

日本語は主語を省いても意味が通りますが、主語から話しはじめることを心がけると◎。

そう判断した理由は……

ビジネスシーンなどで、自らの判断の基準となった価値観を説明する際に使います。

どうしてそう思ったのかというと……

報告、お願い、意見を述べるときなどあらゆる状況で理由を述べるときに使えます。

CASE 03 話さない？ 話しすぎる？

話さない

　話しすぎるより話さないほうが謙虚でよいと感じるこのタイプは、自分の意見なんて価値がないと自信を持てていません。

　また、自分の発言が否定されると、自分自身が否定されたように受け取ってしまうため、余計なことを言って傷つきたくないのです。

＼ こんなときに！ 使えるフレーズ ／

考えがまとまっていないのですが、話してみてもいいですか？

うまく話せなかったらどうしようと不安で、自己主張できないときに使います。

ここで言うべき発言なのか、正直迷っているのですが……

場の空気にふさわしくない発言なのでは、と思ったときはその気持ちをそのまま言葉にします。

今の話を聞いて思ったことを言ってみてもいいですか？

相手は聞く姿勢になってくれるので、話しやすいでしょう。

話しすぎる

話しすぎるということは、人の話を聞けていないということですが、本人にあまりその自覚はありません。聞いているつもりが、人の話を遮って自分の話をはじめたり、相手が話している間には次に何を言うかを考えていたりします。

自分が話しているときに聞き手の反応をよく観察しましょう。

＼ こんなときに！使えるフレーズ ／

○○さんの話を聞いて、
私にひとつアドバイスが浮かんでいるのですが、
今言ってみてもいいですか？

アドバイスをしたくなったときは、相手がそれを求めているのか、聞ける状態なのかを確認します。

今の話を聞いて、どう思われましたか？

自分の話が一段落したら、相手に話のバトンを渡しましょう。

今、○○さんの話を聞いて、
私が感じたことをお伝えしてもいいですか？

相手の話をよく聞いたら、その後は「相手が」何を体験し、何を感じ、何を求めているか、「相手」を主語にして共感の言葉を伝えます。

CASE 04 人が怖い

　話のスキルがないというよりも、そもそも話すこと自体が好きではなく、人付き合いも苦手というタイプです。

　このタイプの人にとって何よりも必要なのは安心です。

　たとえば趣味の集まりなど、似た価値観を持つ人がいて安心できる場を周りに見つけていきましょう。

以上のことから……
5タイプの話下手に分類できる！

第1章　話し方が苦手とは？

❶論理的すぎる人

　感情を表現するのが苦手で、感情が動いた場面などを省いて話してしまうため、「話がつまらない」と言われがち。報告や説明は得意です。

❷感覚的すぎる人

　思いついたことをすぐに口にしてしまうタイプです。客観的情報だけを短く伝えることが苦手で、聞き手の頭には？が増える一方です。

❸話しすぎる人

　自分が話すことばかり考えていて、人の話をなかなか聞けないタイプ。相手よりも自分に興味があるので、相手への質問は少なくなりがちです。

❹自己主張できない人

　自分に自信がなく、周りの人にどう思われるかが気になってしまうため、思うように話すことができないタイプ。「間」を恐れて焦りがち。

❺人付き合いが苦手な人

　話すことも人と関わることも苦手で、できるだけ避けて通りたいタイプ。繊細なので、空気を読みすぎてしまい、疲れてしまいがち。

自分が話下手な原因がわかれば、話し方はうんと上達する！

29

TYPE 01 論理的すぎる人

感情を伝える言葉を知らない・使えない

感情を表現したり、言葉にしたりするのが苦手なあなた。筋の通った論理的な話は得意ですが、人の心は理屈だけでは動かないこともわかっています。

このタイプの人は、自分の体験を言葉にする際、具体的な事例や感情を省いてしまいがちなので、聞き手は話を聞きながら情景を思い浮かべることができず、共感しづらくなります。話の抽象度が高く、説明のように単調に話してしまうと、せっかくおもしろい内容の話であっても「つまらない」という感想を抱かれてしまいます。

☑ Check!

「丸い言葉」を使おう

Ⓐ 授受、敗北、修復

Ⓑ 受け渡し、負ける、元どおりにする

⬇ ひらがなにすると……

Ⓐ じゅじゅ、はいぼく、しゅうふく

Ⓑ うけわたし、まける、もとどおりにする

Ⓑの「丸い言葉」は、耳で聞いてすぐにわかる言葉なので、これらの言葉を使うと聞き手にとってわかりやすい話になります。

30

理屈好き！
論理至上主義さん

体験を一般化・抽象化して、具体的な事例を省きがち。

基本DATE

- 他人になかなか心を開けない
- プライドを守りたい
- 物事の正確さや効率のよさを大切にしている

話の抽象度が高いので、聞き手は飽きてしまう

スキがなく、相手を封じ込める話し方をする

思考のスピードが速く、ゆっくり話せない

むずかしい言葉を使っていることに気づけない

「かつ」「であるから」などと、接続詞を多用

プレゼンは得意だが、心を動かすスピーチは苦手

第1章　話し方が苦手とは？

TYPE 02 感覚的すぎる人

感覚的な言葉が多く、聞き手は「？」になる

一生懸命話しても聞き手に「何を話しているのかわからない」と、言われてしまいがち。

その理由は、自分の頭の中で見えている映像が相手にも見えていると無意識に思い込んでいるからです。そのため説明不足に陥りがち。聞き手はその「？」を、自分の体験や価値観をベースに想像で補おうとするので、誤解が生じてしまいます。また、絵や映像で見えていることをベースに話そうとするので、話が飛んでしまうのです。

☑ Check!

「こそあど言葉」に注意！

「こそあど言葉」は「これ」「それ」「あれ」「どれ」などの指示語のことです。

❶ サボり指示語

説明不足であることはわかっているのに、該当する言葉が見当たらずつい使ってしまう指示語。

例「部長に集中しろとかそういうことを言われて……」

➡ 部長に言われたのは「集中しろ」だけではないのに、とっさに思いつかず「そういうこと」に。

❷ つい指示語

特に意味はないけれど、クセになっているので「それで、その…」などと言ってしまう指示語。

❸ 置き去り指示語

少し前に話したことを「その3点が……」などと時間をおいて置き換える指示語。

ビジュアルで捉えるのが得意!
話が飛び飛び、感覚的人間さん

話しているうちに話が飛んだり、派生したりしがち。

第1章 話し方が苦手とは?

基本DATE

- 思いついたことをすぐに言葉にする
- 自分でも何を話しているか混乱することがよくある
- 感受性が豊か

5W1Hを省略しがち
なので、指示語が多くなる

頭の中がまとまっていない
状態で話をはじめる

なぜその話をしたいのか、
目的が曖昧なまま話す

ディティールを
省いてしまう

接続詞が少ないので、
話のつながりが伝わらない

TYPE 03 話しすぎる人

自分が人の話を聞いていないことに気づけない

自分の体験や考えを話すのが大好きなこのタイプは、自分が話すことに夢中なので、相手が飽きた表情をしたり、つまらなそうにしたりしていても気づけません。

また、相手が話しているときも自分が言いたいことを考えているので、気がつくと話を遮って自分の意見を言うなど、人の話を聞けないことが多いでしょう。相手への質問も少ないので会話が一方的になりやすく、相手は疲れてしまう傾向があります。

🔊 Lesson!

相手の話を聞く練習を

❶ テープレコーダーになる
自分の考えを挟まずに、相手の話をテープレコーダーになったかのように聞くようにします。「私だったらこうする」などの思考が動かないよう、相手の話に全身で集中しましょう。

❷ 相手のことはわからない
相手の本音は自分にはわからないものです。自分の価値観で勝手に決めつけては、相手の本音を引き出すことはできません。「わからない」からこそ真摯に話を聞くことができます。

❸ 相手の話を伝え返す
相手は「自分の話は本当に伝わっているかな？」と不安になるものです。大切なのは、相手の話を伝え返すこと。相手は話を聞いてくれていることがわかり、安心できます。

話し出したら止まらない！
話しすぎさん

誤解されることを恐れて丁寧に話しすぎる傾向も。

基本DATE

- 承認欲求が強い
- 話すことに夢中で、周りをあまり観察できていない
- 自分を客観視することが苦手

話している時間は
それほど長くなくても、
一文が長く、冗長になりがち

過去の成功談など、
自分にとって重要だった
話が長くなりがち

同じ話をくり返す

間が苦手で
埋めたくなる

情報が多すぎて
要点が見えにくい

第1章 話し方が苦手とは？

TYPE 04 自己主張できない人

自分に自信がないから話せない

　自己肯定感が低く、自分には価値がないと思ってしまうため、「自分の話にも価値がない」と思い込んで、人の話を聞いているだけになりがちです。

　このタイプの人は繊細に空気を感じられるからこそ、空気を自分が壊すのではないかという恐怖心や不安感が強いのです。そのため、話す前に躊躇して言いたいことが言えなくなってしまいがち。

　また、自分はこういう人間でなければいけないと思っているので、失敗することを極度に恐れてもいます。

☑ Check!

「何を言うか」ではなく「どう言うか」が大切

自分に自信が持てないと、失敗するイメージを頭に描いてしまうため、暗いトーンで話してしまいます。その結果、相手も影響されて暗くなり、場の空気が悪くなることも。明るい雰囲気で会話をはじめるためには、最初のひと声をどう言うかが大切です。うまくいくイメージを浮かべてから話すと、声に芯が出て明るく、笑顔になるでしょう。

周りの目ばかり気にしてビクビク。
話さず聞いてばかりさん

自信がないから主張しない、いつも話すのを躊躇しがち。

第1章 話し方が苦手とは？

基本DATE

- すぐ緊張してしまう
- 周りの評価が気になってしまう
- 声が小さく、こもりがち

否定されるくらいなら
黙っていたほうがいいと
思ってしまう

相手が黙ること、
会話が止まることが怖い

相手への当たりを柔らかく
するため、「○○と思います」
と断言を避ける語尾が多い

ちゃんと話そうとしすぎて
話せなくなる

遠慮がちで控えめなほうが
よいと思っている

TYPE 05 人付き合いが苦手な人

電話で話すのも人と話す場に行くのも嫌

話下手というより、そもそも話すこと自体が好きではなく、できれば人と話したくないと思っているタイプ。コミュニケーション上手に見えるのに、実は人が苦手という人も少なくありません。

このタイプは真面目なので、求められる期待に応えようとして疲れてしまいがち。敏感に相手の反応も感じ取ってしまうので、ひとりでいたほうがラクだと感じます。

🔊 Lesson!

「間」を怖がらず味方にしよう

Point ❶
間は相手が話を受け取る時間
間は聞き手が話を受けて、何かを感じたり考えたりしている大切な時間です。話を受け取るためには欠かせません。

Point ❷
頭が真っ白になっても大丈夫
話している最中に何を話せばよいのかわからなくなっても、間があればその時間に頭を整理することができます。

Point ❸
間ができたら息を吐く

間ができても焦らず、ゆっくり息を吐くと落ち着いて対応することができます。焦っても何もよいことはありません。

できれば人と話したくない…
一匹狼さん

とにかく人と話すことが嫌で避けて通りたいタイプ。

基本DATE

- 話すこと自体が苦手
- 基本的に真面目
- 傷つきやすく繊細

実はとても怖がり

過去の失敗が影響して、萎縮した話し方に

相手は忙しそうなどと正しい言いわけを見つけて話しかけることを諦める

自分は人付き合いが苦手だと強く思いすぎている

自分を守ろうとガードを作り怖いと思われることも

第1章 話し方が苦手とは？

COLUMN 01

初対面の人と話す話題

初対面の人やあまり親しくない人とでも話題にしやすく、雑談のネタになるのが「き・ど・に・た・て・か・け・し」です。

「き」は気候、「ど」は道楽や趣味というようにテーマの頭文字を取って呼んでいます。話題に困ったら思い出すと便利です。

き	気候・天気	「寒くなりましたね」などと天気や気候については誰とでも話せます。
ど	道楽・趣味	興味のあることは話題が盛り上がりやすいでしょう。
に	ニュース	話題になっているニュースについて。宗教や政治の話は避けて。
た	旅	「最近旅行に行きましたか？」など。休み明けには特によい話題です。
て	テレビ	バラエティ、芸能人などの話題を。年代によるギャップには注意。
か	家族	プライベートなのであまりツッコミすぎないように注意しましょう。
け	健康	健康ネタは30代以上なら盛り上がるでしょう。
し	仕事	差し障りのない範囲ならOKですが、突っ込みすぎないように注意。

第2章 タイプ別克服法

TYPE 01 論理的すぎる人の克服法

対策 1　具体的なエピソードを盛り込む

　テレビで芸能人が話すエピソードを聞いていると、まるで自分もその場にいたかのような気持ちになりませんか？何を見たのか、何を聞いたかなどの五感情報や、どう感じたのかなどの感情を省略せずに話すと、話に具体性が増し、聞き手は話に引き込まれていきます。

　話の登場人物になりきって、ところどころセリフを交えて話すことも大切です。話が立体的になり、聞き手が飽きづらくなる効果があります。ただし、セリフが多すぎるとわかりづらくなるので適度な量が。

　また、エピソードを話す際は結論から話さず、「どうなるんだろう」と聞き手を巻き込むように話すのがポイントです。

🔊 Lesson!

小説のように話してみる

「友達の結婚式に行ったよ。花嫁の手紙がよかったよ」

何がよかったのか、具体性がなく聞き手は共感しようがありません。

↓

「花嫁の手紙の『〇〇』って部分に胸を打たれてね…」

花嫁の手紙の一節を具体的に紹介し、自分の感情を説明しているので、聞き手はイメージを広げやすくなります。

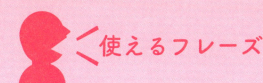# 使えるフレーズ

たとえばね……

POINT 具体的な事例やたとえ話をすると、聞き手は抽象的な話を理解しやすくなります。また「こんなことがあったんだけど」と体験談を話すのも◎。

具体的に言うと……

POINT 抽象的な説明だけでは、聞き手はいまいち理解してくれません。話す際は、常に具体的な例を出すようにして話をふくらませましょう。

○○が見えた／○○が聞こえた

POINT 「そのときこんな△△が目に入って」「そのとき自分に□□と言っているのが聞こえて」というように、自分が実際に見たこと、聞いたことなど五感の情報を話します。

そのとき○○さんが "△△"って言ったんだ

 実際に交わされたセリフを加えるだけで、話のスパイスになります。もちろんセリフを完璧に再現する必要はありません。

第2章 論理的すぎる人の克服法

対策 2　ひらがなで話す

カタカナ言葉やむずかしい熟語、略語などを使ってしまいがちですが、自分は意味がわかっていても聞き手は理解するまでに時間がかかります。そのため、スムーズに聞き手に伝わるよう、「ひらがな言葉」で話します。

ひらがな言葉は、耳で聞いたときに漢字がすぐに思い浮かぶ言葉、あるいは漢字にしなくても意味がわかる言葉のことを言います。

また、聞き手の反応を常に観察するようにします。聞き手は理解していなければ、首をかしげたり目線をそらしたりと「わかっていないサイン」を出します。もしそのサインにすぐに気づくことができたら、すぐに補足説明をしてフォローしましょう。

🔊 Lesson!

中学生にわかるくらいの言葉で

たとえば……

詳述する	➡	詳しく述べる
アジェンダ	➡	計画、予定表
合致する	➡	ぴったり合う

「ひらがな言葉」で話すとは、中学生でも理解できるくらいのボキャブラリーを使って話すようにすることといえます。たとえばうえの言葉の「詳述する」は「しょうじゅつする」と耳で聞いてもすぐにどんな漢字が当てはまるかわかりません。しかし、漢字を分解して「詳しく述べる」と説明すると漢字もすぐに思い浮かぶと同時に、どんな意味を持つ言葉なのか理解できます。普段自分が使っている言葉ではなく、相手がわかる言葉を使うようにしましょう。

使えるフレーズ

今までの話をどんなふうに受け取られたか、よかったら聞かせていただけませんか?

ADVICE 相手がこちらの話を理解しているか、どんなふうに受け取ったかを確認します。「よかったら」と前置きして、丁寧に尋ねましょう。

ここまでの話、どう受け取ったか教えてもらえる?

NOTICE 部下や後輩などに指示を出した際は、ちゃんと内容が伝わっているか確認したほうが◎。「ちゃんとわかってる!?」などと相手を萎縮させるような言い方は NG です。

今までの話の中で、わからなかったところを教えてもらえるかな?

POINT 話している最中は聞き手の「わかっていないサイン」を見逃さないように注意します。少しでもサインが見られたら、こちらから声をかけましょう。

○○(カタカナ語や熟語)、つまり……

POINT ついむずかしい言葉を使ってしまっても、すぐに「つまり……」などと続けて意味を説明すれば聞き手の理解が追いつくでしょう。

第2章 論理的すぎる人の克服法

対策 3　感情を声で表現する

　心と声は深いつながりを持っています。感情は声に自然に表れるものです。しかし、感情をあまり表に出せない仕事を長く続けていたり、何らかの原因があって子供のころから感情を抑圧したりしていると、声や表情が心から離れていってしまいます。そうすると、いつしか嬉しくても悲しくても、同じ声のトーンで話すようになり、聞き手には「何を考えているかわからない」「単調で眠くなる」などと言われることになります。

　そこで、感情を自由に顔や声で表現できる環境をひとつでよいので持っておくことをおすすめします。無理せず、自分のままでいられる時間を確保しておきたいですね。

🔊 Lesson!

「」（セリフ）を使って伝えてみよう

Before

サービスの仕事は辛いことも多いけれど、たくさんの人に笑顔を届ける素晴らしい職業だと思います

After

ある日、お客さんに言われたんです。
「ここに来るといつもあなたが笑顔だから私も笑顔になっちゃうわ」って。この仕事をしていてよかった、辛いこともあるけれど素晴らしい仕事だと思いました

実際に自分が言われたセリフを挙げることでエピソードが具体的になり、聞き手の心に伝わります。

声に感情をのせるコツ

❶感情が動いた場面にタイムスリップ

話すときに、自分の感情が動いた場面をイメージして追体験してみます。イメージがクリアであるほど声に感情が表れます。

❷色、フォント、大きさなどをイメージ

たとえば「ありがとう」という言葉を文字にするなら色、フォント、大きさは何なのかイメージしながら話します。

❸絵本や小説を声に出して読む

自分のことでなければ、より自由に感じて表現しやすいものです。朗読はよい練習法です。

NG

声に感情をわざと込めようとして、悲しいフリや楽しいフリをしても嘘くさくなります。芝居がかった話し方はNGです。

対策4　相手を主役にして話す

　自分が考えているスピード、順番で話すほうがラクですが、それでは聞き手が理解しづらく、飽きてしまいます。相手がわかるスピードを心がけ、また自分の言いたいことから話すのではなく、相手の聞きたい順番を想像しながら話すことが大切です。

　伝えたいことは最低3回くり返さないと、人の記憶には残らないといわれています。特に話が長くなると、聞き手は鮮明に覚えておくことができないので、随所にくり返しを入れるとよいでしょう。

　また、相手が自分の話を聞いて疑問に思いそうなことを想定して、「○○と思うでしょうが……」と聞き手の立場になって話をすると、聞き手の心をつかむことができます。

🔊 Lesson!

ひとりツッコミで聞き手の気持ちがわかる!

ひとりツッコミのポイント

【疑問】
- ❶ 知らない　　　　どういう意味?　聞いたことない?
- ❷ 覚えていない　　それって何だっけ?

【反論】
- ❶ 信じられない　　嘘ー!　本当?
- ❷ 情報が足りない　そうはいっても…

ツッコミを入れるポイントは上の4つの「ない」を探すこと。たとえば「私は話し方を学んで、大きく人生が変わりました。なんて言っても人生が変わったなんて大げさだ、信じられないと思われるかもしれません」というように、自分が話したことを聞き手の立場に立って、4つの「ない」からひとりツッコミを入れるのです。こうして聞き手の心を想像することで、より話が伝わりやすくなります。

☑ Check!

一対大勢で話す場合

❶ 聞き手が次に聞きたいことを常に考える

まとまったことを話し終えたら、話を聞いた人が「次に」何を聞きたいかをその都度考えます。

❷ たとえ話は誰もがわかるたとえに

たとえを使うなら、相手も精通しているものにたとえ、自己満足になるのを避けます。

使えるフレーズ

今、□□だと言われて、○○だと思われるかもしれませんが……

POINT　「□□と言ったら相手は○○と思うかもしれない」と、相手の反論を想像してひとりツッコミを入れます。先回りすることで聞き手の気持ちを汲み取ることができます。

そう言われると、どうして○○なの? と思うかもしれないんだけど

POINT　相手が抱くであろう疑問をあらかじめ想像して、話に組み込みます。聞き手はかゆいところに手が届いたような気持ちになり、「そうそう!」と嬉しい気持ちで話が聞けるでしょう。

| 対策 5 | 相手の話を評価・判断しない |

相手の話を聞いていると、「それは○○するべきだ」「○○したほうがいい」などとアドバイスしたくなりますが、アドバイスは、相手がそれを受け入れられる状態になってから伝えるようにします。

相手がアドバイスを求めるのは自分に共感し、気持ちを汲み取ってもらえたことがわかってからです。

共感する前に評価、判断されたら、相手は心を閉ざしてしまい、相手の本音から遠ざかってしまうでしょう。

どんな関係の相手でも、相手の価値観を尊重し、決めつけることなくそのまま受け入れることが、信頼関係を築くことにつながります。

◀)) Lesson!

相手の本音を引き出す3ステップ

❶ 話を聞いて受け取る

相手の話を聞いて、自分がしっかり受け取ったことを示すために、言葉にしてそのまま伝え返します。

❷ 感情を想像して尋ねる

「○○だと感じているの?」などと、相手の気持ちを聞きます。決めつけずにあくまで謙虚な姿勢で尋ねることが大切です。

❸ ニーズを想像して尋ねる

相手の感情がわかったらなぜその感情を抱いているのか、ニーズを尋ねます。相手が真に求めるニーズにこそ本音があります。

☑ Check!

共感と同意、同調は異なる

共感…相手の感情とニーズを想像して尋ねること
同意…「私もそう思う」と同意見であると伝えること
同調…相手の意見に合わせること。自分はそうは思っていないことが多い

例　上司の愚痴を言う同僚に…

「本当に○○部長ってひどいよね」
　　　　　　　　　　➡　同意・同調

「自分の意図をわかってもらえなくて、
がっかりしてるの？」　➡　共感

人は共感してもらえると反応が変わる！

軽い共感をされる　　　　深い共感をされる

「はい」「そうなんです」とわかってもらえたことへのYESの返事をしてきます。

わかってもらえた安心感から、ほっとした調子で全身の力が抜けた様子になります。

TYPE 02 感覚的すぎる人の克服法

対策 1　曖昧な箇所を具体的に

　自分の脳内ではつながっている情報を話しているつもりですが、話が飛んだりつながりが見えにくかったりするため、聞き手が混乱してしまうこのタイプ。主語や目的語がない、5W1Hを省略しすぎているというのが主な要因です。

　対策としてはまず5W1Hを省略せずに伝える努力をすること。「いつ」「どこで」「誰が」「ど

うして」「どうなった」「なぜ」を漏らさず話に組み込むようにします。5W1Hを順序どおりに話すように意識すれば、話が飛ぶことは減っていくでしょう。

　指示語をできるだけ使わないことも大切です。指示語が多い話は聞き手にとってはなぞなぞのようなもの。「それが」などと言い換えず、当てはまる言葉を探すと語彙力も増えます。

◀)) Lesson!

明確な言葉で話す

❶サボり指示語 ▶ 対策 「何と言えばいいかな」などと言葉にしてもよいので、時間をかけて当てはまる言葉を見つけましょう。

❷つい指示語 ▶ 対策 クセになっているので、指示語を言うたびに誰かに手を叩いて教えてもらうなど、指示語の多さを知ることが大切です。

❸置き去り指示語 ▶ 対策 聞き手が覚えていないため、もう一度指している内容を言い直して復習しましょう。

使えるフレーズ

これは、つまり○○は……

POINT 指示語を言ってから、自分で「曖昧だったな」と感じたら直後に、「つまり……」と「これ」が何を指しているかを説明して補います。

その人が、○○さんが……

POINT 話している自分では「その人」が誰を指しているか、頭に浮かんでいるでしょうが、聞き手は誰のことかわからないかもしれません。具体的に名前を言って補いましょう。

そのとき、○○が起こったとき……

NOTICE 「そのとき」の「その」が何を指しているかを、具体的に明かして説明します。ただし、この説明が多いと逆にわかりづらいので、曖昧な指示語自体を減らすようにしましょう。

対策 2　接続詞を的確に使う

　話のつながりがわかりづらいのは、接続詞を的確に使っていないからです。逆説を言うときの「しかし」、話をまとめて結論を言うときの「つまり」、理由を説明するときの「だから」など、接続詞は文章の流れを明確にするために、大変重要な役割を担います。接続詞の使い方が曖昧だと、聞き手は「この話は何だったの？」「なぜこの話をしたの？」と話のつながりを理解することができません。

　また、ひとつの話が完結していないのに目についたものや頭に浮かんだことを言及し始めてしまうと、聞き手は混乱します。言いたいことが浮かんだらなぜそれを言いたくなったのか、話し出す前に経緯を説明することが大切です。

🔊 Lesson!

接続詞一覧

接続詞	使い方
つまり	言い換えの接続詞。前の文で述べた文章の本質を述べるのに使います。
だから	順接の接続詞。前の文を原因、理由とする結果を述べるのに使います。
そして	添加の接続詞。前の文に、もうひとつ事柄を並列、つけ加える際に使います。
しかし	前の文に対する逆説を述べる際に使う接続詞。硬い表現になります。

「それで」は口語では「でー」となり、もっともよく使われる接続詞です。「それで」と言えば、次にどんな文がきてもなんとなくつながっているように思えますが、ほかの接続詞で文と文のつながりをもっと明確に表現すると、話はぐんとわかりやすくなります。

使えるフレーズ

つまり○○ということなんです

話の整理がつかなくなっても、前の文を「つまり」と言い換えて改めて結論を述べれば聞き手は理解しやすくなります。「つまり私が言いたいことは……」と言っても◎。

だから○○な結果になりました

理由や根拠を述べたうえで、「だから……」と前置きして結果をわかりやすく話します。「したがって……」と言ってもよいでしょう。

そして○○に行きました

POINT　前の文の内容につけ加えたい際に使います。「そして……」を使えば、順序立てた話し方が自然とできるようになります。

第2章　感覚的すぎる人の克服法

対策3　今、話していることに集中する

話しているうちに、話が飛んだり、あちらこちらに派生したりしてしまうのは、話に集中できずいろいろなものに気が散ってしまうからです。話の途中で目につくものを話題にしたり、違う話を思いついて話したりと、話に枝葉がつきすぎてしまい、自分でも何を言いたかったのかわからなくなることもあるのではないでしょうか。

話をはじめたら平均台の上を歩いているイメージで、話を1本の線でつなげていきます。ほかの平均台が見えるとそちらに移りたくなるかもしれませんが、そこは我慢します。慣れるまでこのイメージトレーニングを続ければ、自然と話に集中できるようになっていくでしょう。

🔊 Lesson!

文末は主語に合わせる

　「私は……となりました」

文末を主語「私は」に合わせないと、聞き手は混乱します。

⬇

　「私は……と思います」
　　　「私は……と聞きました」
　　　「クライアントは……という見解です」

主語や目的語がなかったり、主語と文末が合っていなかったりすると、まったく整理されていない話になってしまいます。話をはじめたら、自分が言った主語を覚えておき、文末を合わせるよう心がけましょう。自分が話しはじめたことは、最後まで責任を持って話し終える集中力を！

対策4　話し相手と情報を共有

　このタイプの人は、自分に見えている映像が相手にも同じように見えていると思い込んでいるため、細かい説明を省いたり曖昧(あいまい)な表現をしたりしがちです。

　しかし、相手にとってはあなたの発した言葉だけが、話を理解するための材料となるのです。たとえば昨日会った女性を思い浮かべていてもそれが「女の人」だと言わなければ相手にはわかりません。このように「自分は体験したからこそわかっている」という前提を忘れてしまうと、説明不足に陥ります。聞き手はその穴を想像で補うため、結果として誤解が生じるのです。

　また、同じ言葉を使っていても相手が同じ物を想像しているとは限らないということも覚えておきましょう。

🔊 Lesson!

頭の中の映像を実況中継！

先週の金曜日に家族で軽井沢へ行きました。軽井沢までは私が車を運転したのですが、カーブの道が続くのでひやっとしてしまいました。まずはアウトレットへ行って買い物をしたのですが、犬を連れている人が多くて「あの犬かわいい！」なんて終始、はしゃいでしまいましたよ。

第2章　感覚的すぎる人の克服法

対策 5　本筋に戻れるランドマークを作っておく

　話しているうちにどんどん横道にそれていき、自分が本来何を話そうとしていたのか忘れてしまうことがよくあるのではないでしょうか。もちろん少しくらい脱線してもよいのですが、本筋にちゃんと戻ることができるかがポイントです。

　ビリヤードをイメージしてみてください。多くの玉とぶつかり合って、いろいろな穴へと落としていくゲームですが、自分が打った玉を最終的にはどこに落としたいのか、それを決めておくことが大切です。同様に、話すときは本筋に戻ることができるよう、最終的なゴールを決めておきましょう。

　そのためにも、自分が話していることを記憶しながら話すよう意識すると、話が横道にそれても元に戻しやすくなります。

🔊 Lesson!

目につく物と話のポイントをリンクさせよう

記憶は物に結びつけると、覚えやすくなります。たとえば、手の親指、窓、ペンなどぱっと目につくものと話のポイントをリンクさせておきます。それらが目に入ったら、自分が何を話していたか思い出すことができるので、話の本筋に戻ることが可能に。

たとえば……

使えるフレーズ

話を戻しますと……

ADVICE たとえ話の順序が前後してしまっても、こう言い添えるとわかりやすいでしょう。「話が前後してしまい、申しわけございません」などと言うのも◎。

ちょっと脱線してしまいましたが……

NOTICE 話が脱線した際は、このフレーズを添えたうえで本筋に戻します。脱線してばかりいると、聞き手は本筋のことを忘れてしまうので注意を。

私が言いたかったことは……

POINT 話が横道にそれても、自分が前に話したことを覚えておきましょう。そしてこのフレーズを添えて改めて自分の言いたかったことを述べれば、問題なく聞き手に伝わります。

○○を聞いて思い出したことがあるんだけど

POINT 話の流れで思い出したこと、思いついたことがあっても唐突に話しはじめると聞き手が混乱するだけです。このフレーズを添えて、話と話のつながりを明確に。

第2章 感覚的すぎる人の克服法

タイプ3　話しすぎる

別に悩みってほどでもないですけど、おしゃべりだねってよく言われます。

でもおしゃべりなことってコミュニケーションとってるだけだし、話さない人より全然いいですよね？だから別に悪いとは思っていません。この前も音無さんが全然しゃべらないんで、俺言ってあげたんですよ。話すことは怖いことじゃないよって。

もうちょっと俺みたいに明るく生きてみれば、人生楽しくなるよって。俺は話すことが好きなんで、同期の悩みもよく聞いてるんです。この前も……

話くん、もうそろそろいいかな？

TYPE 03 話しすぎる人 の克服法

対策 1 満足するまで話さない

丁寧に説明しようとするがあまり話が長くなってしまったり、とにかく話すことが好きで気がつくと人の話まで奪ったりしていることはありませんか。

しかし、話していて「気持ちいい」と感じたらそれは危険信号です。たとえば、説教をしているときや、自分の成功談を話しているときなど「自分はいいことを言っているなあ」と感じ

ているときこそ、相手の心は離れてしまうもの。その部分を録音して聞いてみたら、「私いいこと言ってる！」と自分が悦に入って話していることに気がつくでしょう。

あなたは自分が気持ちよくなるために話しているのではないはずです。相手に何を伝えたくて話すのか、目的を忘れないようにしましょう。

☑ Check!

話しすぎ！ の注意信号

☐ 早口になる
☐ 声が大きくなる
☐ くり返し同じことを言う
☐ ウケたことを何度も言う
☐ 動きが大きくなる

左のようなサインが見られたら、話しすぎている可能性が高いでしょう。自分ではなかなか自覚しづらいものですが、話している自分を見ているもうひとりの自分を持つようなイメージで客観視することを心がけましょう。

聞き手の"飽きた"サイン

目線がそれる

話をちゃんと聞いているときは、話し手のほうを見て目線を合わせるはずです。ずっと下を向いているなど、目線をそらしはじめたら飽きてきたサインです。

体重を後ろにかける

興味のある話を聞いているときは、体が前のめりになるはずです。椅子の背に体重を預けていたら飽きている可能性大です。

 使えるフレーズ

ちょっと話しすぎましたね

POINT　少しでも話しすぎたと感じたら、この言葉をきっかけに、相手に話を振りましょう。気づくことさえできればよいのです。

少し長かったですね。
○○さんは……（と相手に振る）

 話しすぎたことを伝えたら、具体的に誰かの名前を言って話を振ります。相手が話しはじめたら、その間は相手の話を聞くことに集中しましょう。

対策 2　人の話をよく聞く

話すことが好きなあまり、「人の話を聞く」ということが苦手かもしれません。あるいは、自分が人の話を聞いていないことに気がつけていないこともよくあります。

たとえば、相手が話したキーワードをきっかけに「○○といえば」と話題を切り替えて相手の話を奪ってはいませんか。相

手が話しているときに、次に自分が何を話そうか考えてはいませんか。質問したのに、相手が話し終える前にあなたが話し始めていることもあるでしょう。

相手が話しているときは、自分の意見は少しお休みして、相手が言いたいことをすべて汲み取る気持ちで聞こうとすれば、集中して聞くことができます。

◀)) Lesson!

話を聞くための練習4 STEP！

STEP 1
相手に体を向けて話を聞く

顔や目線だけでなく、体も相手に向けると、聞くことに集中できます。話を聞くときは、相手の全体を捉える感覚で。

STEP 2
相手の話を受け取る

相手の話に対して「アドバイスしよう」や「私だったらこうする」などの考えは横に置いて、そのまま受け取ることが大切です。

STEP 3
話し終えるまでゆっくり呼吸しながら聞く

相手の話を遮って、途中で余計なひと言を入れないよう、ゆったり呼吸しながら話し終えるのを待つようにします。

STEP 4
一日聞き役に徹する日を

「話しすぎる」自覚がないとしたら、一日聞き役に徹してみましょう。話せないことへのストレスを感じたら、聞くほうに注力を！

ついやりがちな話横取り行為

 「この間、部長にミスが多いって叱られちゃったよ」

NG「私も叱られたことあるよ！この前なんてさ……」

➡ 共感しているつもりが相手を置いてきぼりに

自分の体験を語ることで共感しようとするのはよくあること。でも「あなたの話」に移ってしまって相手は置いてきぼりにされた気持ちになってしまいます。

NG 「そうなんだ。部長といえばさ……」

➡ 「○○といえば」は話題を変えている

相手が話した単語を切り取って、「○○といえば」と言えば、話がつながっているように錯覚してしまいますが、違う話に切り替わり、相手はがっかりするでしょう。

NG 「それってあなたが気をつければいいことじゃない」

➡ 提案は相手の話をちゃんと受け入れてから！

相手は自分の話をちゃんと聞いてもらい、否定せずに受け入れてほしいのです。受け入れる前に提案しても、相手は素直に受け取れないでしょう。

 「そんなことがあったんだ」

自分の話は横に置いて、相手の話を受け取ります。

対策3　目的から逆算して話す

相手にわかってもらおうと思って、丁寧に話しすぎてしまうと、かえってわかりづらくなるものです。

「誤解がないように」という心遣いの奥には、何かあっても責任を取りたくないという不安も見え隠れします。前提条件から仮定の話まで、すべてを話そうとすると、相手は情報量の多さにかえって混乱することになるのです。

「何を話せば伝わるか」ではなく、「伝わるために何を話す必要があるか」と目的から逆算して考えてみましょう。そうすれば、目的を達成するために、必要なことだけを選んで話せるようになります。

🔊 Lesson!

話の途中に句読点をつける

NG

「私がこの企画をご提案するのは市場調査をしてあることを知ったからで、それは今デトックスウォーターが若い女性に大変人気であるということで、それだけでなくデトックスウォーターは健康面でもとてもよい効果があるので……」

OK

❶「私がこの企画をご提案するのは、市場調査をしてあることを知ったからです」

❷「それは今、デトックスウォーターが若い女性に大変な人気があるということ」

❸「それだけでなく、デトックスウォーターは健康面でもとてもよい効果があります」

使えるフレーズ

結論から先に話しますね

POINT　結論を先に話すことで、余計なことを説明しすぎないで済みます。また、聞き手にとってもこのフレーズがあることで、結論の後に説明がくるんだな、と先を予測できることから安心して聞くことができます。

私が一番言いたいことは……

NOTICE　相手に一番伝えたいことを話す際、このフレーズを添えてから述べます。ただし、このフレーズの後に長々と続けては「結局何が一番言いたいの？」と相手が混乱するだけなので短くまとめましょう。

今回、お伝えしたいことは、〇〇ということなんです

ADVICE　相手に伝えたいことを短くまとめてわかりやすく話します。長々と話さないよう、話の要点をあらかじめ頭の中で練っておくとよいでしょう。

第2章　話しすぎる人の克服法

対策4　一質問一主張

　お互いにバトンを回して、リレーするように話すのが会話です。誰にも回さず自分ばかりがバトンを持っていたら、周りはどんどん飽きてしまい、会話を楽しめなくなります。

　そこで、何か質問されたら質問に集中して、そのことだけに答えるよう心がけます。このタイプの人は、派生していろいろなことを話しがちなので、質問に答えたらその人に質問を返すようにするのです。複数人いる場合は、ほかの人に質問のバトンを渡してもよいでしょう。

　これを続けることで、自分だけがバトンを持ち続けることは自然となくなり、バランスよく全員で会話を楽しむことができるようになります。

🔊 Lesson!

相手のことを考えて質問に答える

　「週末は何をして過ごしましたか？」

❶ 次の人に質問を返す
自分の週末の過ごし方を長々と話すのはなく、ほかの人に質問を振って全員で会話しましょう。

　「動物園へ行きました。△△さんは？」

❷ その答えへの感想を聞く
相手の答えから、「どうでしたか？」などと感想を聞きます。相手の話をふくらませることで、話しすぎを防げます。

　「△△さんは買い物へ行ったんですか。何かいい物が見つかりましたか？」

☑ Check!

相手が嬉しそうに質問をしてきたら……

「○○さん、週末は何をしました？（嬉しそうに）」

「△△へ買い物へ。××さんは？」

「聞いてくださいよ！ 私は……」

相手が嬉しそうだったら、それは自分が話したいというサインです。話したいことがあっても自分から「聞いて！」とは言いづらいもの。こんなときは、自分の話はさっと終わらせて、すぐ相手に返すようにしてあげましょう。

 使えるフレーズ

それで、○○さんはこのことについてどう思われますか？

POINT 誰かが答えた後に間が空いたら、自分の話をするのではなくほかの人にどう思うか質問してバトンを回します。

○○さんの場合はどうですか？

POINT 質問を受けたら「私は△△です」などと簡潔に答えてから、いろいろな人に質問を投げかけます。その場にいる全ての人に話す機会を作ることを心がけましょう。

対策 5　相手の話を伝え返す

ちゃんと聞いているつもりでも、口に出して示さなければ話し手は自分の話が理解されているかわからないものです。そこで大切なのが、相手の話を伝え返すことです。

相手の話したことをひと言も漏らさずに、正確に返す必要はありません。ただ、相手が使った言葉はできるだけ尊重し、同じ言葉を使うように意識するとよりよいでしょう。たとえば相手が「営業」と言ったら、こちらも「セールス」とは言わずに「営業」という言葉を使うようにするのです。

伝え返すことで、相手はあなたのことを「ちゃんと話を聞いてくれる人だな」と感じられ、安心して心を開くことができるでしょう。また、こちらも話を伝え返すために、自然と相手の話をしっかり聞くようになる効果もあります。

◀)) Lesson!

話を伝え返すメリット

Point ❶ 「受け取った」ことを相手にアピール

いくら話を聞いて受け取ったと思っていても、言葉にしなければ相手に伝わりません。言葉にすることで相手は話が伝わったことに安心できます。

Point ❷ 自然と相手の話を聞くようになる

伝え返そうとすると、今までいかに自分が人の話を聞いていなかったかがわかるようになり、自然としっかり聞くことができるようになります。

使えるフレーズ

今、おっしゃった○○ってこういうことですか？

POINT 相手の発言を伝え返して、確認します。相手は自分の発言が伝わっていることがわかり、安心するでしょう。わからないことがあったときにもこのように聞いてみましょう。

今私が理解したことを、ちょっと言ってみてもいいですか？

ADVICE 相手がある程度話し終えた、区切りのよいタイミングでどのように話を受け取ったか述べます。自信がなかったら「間違っているかもしれないのですが」と言っても◎。

いろんな話を聞かせてもらって、ちょっと私の理解力を超えそうなの。ここまでの話を一度言ってみてもいい？

POINT 話の内容が困難だったときなどは、正直にそのことを伝えたうえでそれまでの話を伝え返します。相手が同じ話をくり返して終わらないときに使うのもよいでしょう。

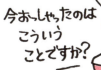

第2章 話しすぎる人の克服法

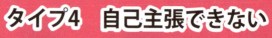

TYPE 04 自己主張できない人の克服法

対策 1 自己主張すると相手が安心できると考えよう

「自分なんて……」という自己肯定感の低さもあって自己主張しづらいこのタイプ。しかし、何も話さずにいると、あなたが何を考えているのかわからないので、相手は不安になってしまいます。

わからないことをポジティブな想像で埋められる人はほとんどいません。多くの人は不安な気持ちから「この人は私のことをバカにしているのかな」「嫌っているのかな」などとネガティブな想像をしてしまいます。

控えめ、遠慮がちにしているのが得策と思われがちですが、沈黙やあやふやな表現、また最後まで言わない話し方は相手を不安にするだけです。思っていることを素直に伝えて相手に安心を届けましょう。

◀)) Lesson!

「私」で考えてみよう

私は○○を見ると（聞くと）△△と感じる、なぜなら××を大切にしているから

たとえば「部下が意見を言わないからイライラする」などと使いがちですが、「イライラする」という感情を生み出すのは自分自身です。この言い方では感情の責任を相手に押しつけているように聞こえます。うえの文のように「私はあなたが静かにしているのを見るとなんだか落ち着かないの。なぜならみんなの意見を出し合って決めたいと思っているから」など「私」を軸に伝えてみましょう。

使えるフレーズ

私、今頭が真っ白なんですけど

 たとえ頭が真っ白になってしまっても、そのことを正直に述べることで相手に気持ちと状況が伝わります。焦らずゆっくり息を吐いて心を落ち着かせましょう。

言いたいことがきちんと言えるか不安なんですが……

POINT 自信のないことを言うのは怖いかもしれませんが、こう前置きして不安を吐露することで、相手は安心して聞くことができます。たとえ間違っていても、受け止めてくれるでしょう。

あくまで私の考えなんですが……

 自分の意見に自信がないときは、こう前置きすると言いやすくなります。このフレーズ以外にも「個人的な考えなのですが」「私の場合は」などと言い換えることができます。

私に理解できた限りを申し上げているので、間違っているかもしれませんが……

POINT 自分の能力で理解しようと試みた誠実さが伝わるフレーズです。目上の方や、見識の高い方に考えを述べる際にも使いたい表現です。

第2章 自己主張できない人の克服法

対策 2　心のうちをそのままに話す

　自己主張できない人は「ちゃんとしたことを話さなければいけない」と思いすぎているのかもしれません。それならば、その気持ちをそのまま伝えればいいのです。

　質問に答えられない、相手を不快にしてしまいそう……そんなときも焦らず、その気持ちをそのまま伝えてみましょう。

　また、相手に反論されそうだと思ったら「矛盾しているかもしれませんが……」などと先取りして言いわけしてみてください。相手はあなたを理解しようと歩み寄ってくれるはずです。

　人前で話すときも同様です。原稿どおりに「ちゃんと」話せても、読んでいては何も伝わりません。たとえ原稿を忘れても、忘れたことはあなたにしかわからないので、焦らずに。

🔊 Lesson!

「思います」はここぞ！で使う

自分の発言に自信が持てないと、「これから〇〇について申し上げたいというふうに思うのですが……」などと遠回しな語尾になったり、どんどん声が小さくなったりしがちです。しかしこのような表現をしていると、本当に伝えたい内容が相手に伝わりづらくなってしまいます。あやふやな表現はできるだけ避けましょう。

使えるフレーズ

ちょっと間違えたので、最初から言いますね

POINT 間違えたからといって焦って、黙ってしまっては聞き手が不安になるだけです。正直に間違えたことを伝えましょう。一度間違えても、何も問題はないのです。

違った表現で言うと……

POINT 言い方を失敗したと思ったら、このフレーズを添えてもう一度言い直すとよいでしょう。失敗しても言い直せばいいだけということを覚えておくと気がラクになります。

矛盾しているかもしれないのですが……

POINT 相手に反論される前に自分から先回りして言っておくと、相手の気持ちに寄り添うことができます。ほかにも「実現の可能性はまだ考えていないアイディアの段階なのですが……」などと、さまざまな先取りが可能です。

間違えた考え方かもしれないのですが……

 最初にこう前置きしておけば、間違ったことを言っても安心です。自分の考えに自信がないときも「ひとりよがりな思い込みかもしれませんが……」と言ってもよいでしょう。

対策 3　相手に嫌われる怖さを手放す

「人に嫌われるのが怖い」。そう思う人は多いですが、相手が自分を好きになるかは相手が決めること。コントロールできることではないのです。

たとえば、自分の発言によって相手が不快感を抱いても、故意の発言でなければ、それはきっかけであったとしてもあなたの責任ではありません。感情を作り出すのは、本人なので

す。そう考えると、他人にどう思われるか、悩んでも仕方がないことだと思えてきませんか。

また、自分という人間がどんな人であるかを決めるのは周りの人です。その解釈は人によってさまざまなので、自分という人間は今まで出会った人の数だけいると考えてみてください。少し気持ちがラクになっていくと思います。

☑ Check!

苦手な人を作りづらくするための"コツ"

たとえば「約束に遅れてきた」人がいたとします。その人を「時間を守れないルーズな人」と解釈する人もいれば、「マイペースな人」だと好意的に解釈する人もいるでしょう。このように解釈は人それぞれですが、事実は「約束の時間に来なかった」ということだけ。それ自体はよいことでも悪いことでもないのです。同様に、あなたにとって苦手な人がほかの人にとっても苦手かどうかはわかりません。「苦手な人」がいるのではなく「苦手だと思う自分の解釈」があるだけなのです。つまり、「この人のこういう言動を私はこう解釈している」と、事実と解釈を分けて観察することができるようになると、相手を決めつけることが少なくなり、結果として苦手な人は減っていくでしょう。

他人にどう思われるか悩まない

Point ❶ 相手がどんな感情を抱いても責任はあなたにはない

怒る、悲しむ、嬉しい、楽しい……。これらの感情はあくまで相手が作り出すこと。直接の原因はあなたにはないので、責任を感じる必要はありません。

Point ❷ 自分という人間は出会った人の数だけいる

できごとだけでなく、人に対する解釈はその人が出会った人の数だけ存在します。自分がどんな人間かは、言動を解釈する周りの人が決めるのです。

Point ❸ 善と思うことをするほかない！

自分がどんな人なのかを決めるのは、自分ではなく相手なので、自分にはどうしようもありません。結局私たちは、自分が善と思う言動をするほかないのです。

対策 4　未来を先取りして明るく話す

人の脳は、「○○しない」ということをイメージすることができません。たとえば「間違えないようにしよう」と思うと、間違えていることをイメージしてしまうのです。

このタイプの人は自分に自信がないため、会話が失敗するイメージを持ったまま話しがちです。その結果、声のトーンも暗くなり、脳がイメージに引っ張られてますます失敗しやすくなります。

そこでまず、自分がその会話の後に手に入れたい結果を想像します。自分のニーズが満たされていることをイメージしてください。その状態で話しかければ、声も言葉も力強くなり、きっとうまくいくはずです。

🔊 Lesson!

成功をイメージして話をする

➡ **本当に失敗する**

失敗に終わるうえに暗いトーンで話してしまうので、相手も暗いトーンになって場の空気が悪くなります。成功したイメージを持って話をすれば、声や口調も明るく説得力がでてきます。

自信を持って明るく話す練習を

❶ 人に会う前に「んが」で喉を開く

口の中にゆで卵を入れて、そのままツルッと飲み込んで胃に落とすイメージで「んが」と発声してみてください。いろいろな高さの声で「んが」と言うと、より喉が開いて、深い響きの声が出やすくなるでしょう。

❷ 目線を合わせてから話しかける

基本的に人は話しかけるより話しかけられたいものです。話しかける場合は、まず目線を合わせて自分の存在に気づいてもらいます。そうすれば、相手は話しかけられる準備ができるからです。目が合ったらその後は躊躇せず笑顔で挨拶することが大切です。

❸ 自然に笑って話せば声は通る

声が通らない人の多くは、上の歯が唇で隠れています。つまり、笑顔で話していないのです。笑顔で話すように意識すれば、自然と歯が見えて声も遠くまで通るようになります。

対策 5　相手を褒めて雰囲気をよくする

自己主張できないのは、場の雰囲気が硬いせいでもあります。そこで、場をよくするためにも相手を褒めてみましょう。何といっても、褒められて気分が悪くなる人はいません。

とはいっても、なかなか目の前の人を褒めることはむずかしく、抵抗を感じる人もいるかもしれません。しかし、好意は言葉にしなければ、伝わらないものです。

特に初対面など、お互いのことをまだあまり知らないときこそ褒めることは大切なのです。また、相手を褒めると脳は自分も褒められているように感じるため、自分も嬉しくなります。

そうやって褒めることで場の雰囲気がよくなれば、話しやすくなり自然と自己主張もしやすくなります。

◀)) Lesson!

褒めることに慣れよう

❶人と違うところを褒める

個性的な持ち物や手入れが行き届いた服など、人と違うところは褒められると嬉しい、こだわりの部分であることが多いものです。初対面でない場合は、いつもと違うところを見つけましょう。

❷「素敵」をつけて伝える

「素敵」はどんな人にもどんな場合にも使える、オールマイティーな褒め言葉です。いつもと違うところを褒めるときは、「新しい髪型も素敵だね」などと「も」を使うとよいでしょう。

❸理由を添えて褒める

相手に聞かれる前に「素敵」と思った理由を伝えます。たとえば「素敵なシャツ！シワひとつありませんね」という感じです。理由を添えるだけで相手は褒め言葉を受け取りやすくなります。

褒めワザ上級テクニック

質問褒め

「素敵なネクタイですね。海外で見つけられたんですか？」

この質問には「海外でないと見つけることができないほど素敵なネクタイ」という意味も込められています。質問を作るときは「○○なほど△△だ」という前提をまず考えます。そして「○○」の部分を質問にすれば、質問褒めの完成です。

ビフォーアフターを伝える

「さっきまで落ち込んでいたけれど、○○さんの笑顔で元気になった」

人は変化によって心を動かされます。ただ、「○○さんの笑顔を見て元気になった」とアフターを伝えるだけでもよいのですが、さらにビフォーも併せて伝えると変化の大きさがわかって相手の心もより動くでしょう。

使えるフレーズ

その考え方は新鮮ですね

POINT 相手の考え方が自分とは真逆のときは、思ってもいないことを言って褒める必要はありません。だからといって否定はせずに、受け取ります。

○○さんのように話せるといいのですが……

 相手の名前を出して褒めてみましょう。自分が理想や憧れの対象にしてもらえることは、嬉しいものです。「どうすれば○○さんのようにうまく話せますか？」と質問褒めしてもよいでしょう。

第2章 自己主張できない人の克服法

TYPE 05 人付き合いが苦手な人の克服法

対策 1　無理に話す必要はない

　話上手、話下手以前に人付き合いが苦手なので、できるだけ人と話すことを避けたがるタイプです。

　一方、多くの人は話すことが好きで、自分の話をしたがるので、無理に話す必要はありません。誰もが自分の発言や、存在を受け入れてもらえるのを待っているのですから、このタイプのような人は逆に喜ばれる存在になる可能性が大いにあります。

　ただし、ただ黙っているのでは相手も困ってしまいます。話すのが苦手ならば、その分、相手に話してもらえばよいだけなので、相手がテンポよく話せるようなあいづちや、質問のスキルを身につけて、"よい聞き手"になってみませんか。

🔊 Lesson!

相手がどんどん話してくれる聞き役になろう

❶ ほとんどの人が聞き下手

私たちは相手の話をちゃんと聞いているつもりでも、実際にはほとんど聞けていません。聞いているようで、話と関係ないところに意識が飛んでしまって大切なキーワードを聞き逃したり、次に自分が何を言おうか考えていたり。相手の話を聞いているとき、自分が何をしているのかを観察すると、意外と人の話を聞けていないことがわかるはずです。

❷ 全身を使ってあいづちを打つ

相手が「話しやすい」と思う人は、ちゃんと話を聞いてくれる人です。うなずきだけでなく、全身を使ってあいづちを打ち、相手への関心を表現しましょう。

- 足を組みかえる
- 腕を重ねる
- 少し身を乗り出す
- 後ろにもたれかかる
- 姿勢を変える
- 下を見る
- 上を見る
- 目を見開く
- ペンとメモを取り出す

第2章 人付き合いが苦手な人の克服法

対策 2 　気まずい「間」を怖がらない

　会話の中で「間」ができると、沈黙が怖い・気まずいと思ってつい避けてしまいがちですが、間があるからこそ話はおもしろくなるし、聞き手は話の本質を理解することができます。間が訪れたときに、聞き手は手持ち無沙汰でいるように見えますが、そんなことはありません。

　もし、間ができて怖ければ「間ができてしまいましたね」などと、正直にそのまま相手に伝えればよいのです。相手がそこから話を広げてくれるかもしれません。

　変に間へのドキドキを隠そうとすると、相手も「触れてはいけないことだ」と判断し、その分距離ができて、お互い思うように話すことができなくなってしまいます。

◀)) Lesson!

「間」を味方にしよう

▶ 間が大切な理由	間は相手が話を受け取るために必要な時間です。感想を抱いたり、疑問を持ったり、過去を思い出したりする大切な時間なので、話を伝えるためには欠かせません。
▶ 間ができたら 息を吐くこと	とりあえず何かを口に出そうと焦ってしまいがちですが、ひとまず大きく息を吐いてみましょう。焦ってうまくいくことは何もありません。
▶ 相手にドキドキを 伝えてみる	間ができて怖い、ドキドキすると感じたら素直にその気持ちを相手に伝えてみます。笑顔で明るく伝えれば、そこから会話も広がっていくでしょう。

使えるフレーズ

今、変な間(ま)ができちゃいましたね

POINT　間ができてしまったことを明るく正直に伝えて和やかな雰囲気に持っていきます。相手も「変な間だ」と思っていれば、同じ気持ちを共有することができます。

間って微妙な感じですよね

ADVICE　間ができたことで抱いた素直な感想を相手に伝えます。ちゃんとしたことを言わなきゃ、という線引きするとかえって焦りは大きくなります。

ちょっとドキドキしてます

POINT　ドキドキしたことをそのまま相手に伝えてみます。ドキドキを隠そうとすると、相手も歩みよりづらくなります。肩の力を抜いて、怖がらないことが大切です。

対策 3　質問スキルをアップ

できるだけ人と話したくないなら、いっそ質問から入って相手に話してもらいましょう。

ただし、矢継ぎ早に質問してはまるで詰問のように感じられ、相手は不信感を募らせます。

そこで相手が答えてくれたら、ひと言でもよいので、答えに対する感想を述べるようにします。たとえば「週末はどこかへ行ったか」と質問した際、相手が「山梨県へ行きました」と答えたら、「山梨ですか、桃がおいしい季節ですね」という感じです。

もし、感想が思い浮かばないようだったら、相手の言葉をくり返すだけでかまいません。相手は自分の話を受け取ってもらえたことがわかって、その先を話したい気持ちがふくらむでしょう。

Lesson!

相手の言葉をそのままくり返そう

😊 「日曜日は家族でディズニーランドへ行ったんだ」

😊 「家族でディズニーランドですか」

➡ **無理に同調せず、そのまま受け取る**

相手の回答に無理に同調する必要はありません。たとえば上の会話文で、自分は好きではないのに相手に合わせて「いいですね」などと言う必要はないのです。思ってもいないことを言っても相手はそのことに気づくので、浅い会話になってしまいます。

会話が長く続く質問を心がける

❶相手の物語を尋ねる

仕事内容や家族構成など、その人の所属を表す情報では、あまり会話が続きません。その人自身に興味を持ってその人のこれまでの"物語"を尋ねることが大切です。

例

・好きな食べ物
・これまで訪れた旅行先
・出会ったおもしろい人
・尊敬する人

など

❷共有する事実から❶へ入る

いきなりその人の物語を尋ねると、相手は少々違和感を覚えます。まずは天気の話やその場にあるものなど共有している事実についての話をきっかけにして、❶の内容に入れば自然な流れになります。

例

「最近、雨が続きますね。雨というとどんなことを思い出されますか?」

❸クローズドクエスチョンは避ける

クローズドクエスチョンとは、答えが「はい」「いいえ」で終わるような質問のことです。会話が続きにくいので、できるだけ避けましょう。

NG

「昨日は残業だったんですか?」
「土日は休みですか?」

OK

「週末は何をしていましたか?」
「最近はどんな本を読まれましたか?」

第2章 人付き合いが苦手な人の克服法

対策4 あいづちのバリエーションを増やす

あいづちは相手に話を聞いていることを伝えるためのサインです。たとえば「はいはい」「えーえー」などと、同じ言葉をくり返すようなあいづちは聞いていないように思われます。

また、「ですよねー」は使いがちですが、主語が自分にすり替わっているうえに、相手のことがわかった気になっているように受け取られやすいので、注意したいあいづちです。

このように、相手に気持ちよく心を開いて話してもらうためには、相手のことがわからないから聞きたいという関心があることが大前提です。そのうえであいづちのバリエーションを増やし、自然に場が温まっていく聞き方を目指します。

☑ Check!

相手に寄り添うあいづち

そうなんですね　　そんなふうにお考えなんですね

大切なのは、相手を主語にしたまま、相手の考えを反復して相手に寄り添うあいづちを打つことです。ただ、同意していないのに同意を示すあいづちを打つのはかえって逆効果です。相手の話をただ受け止めたことを伝えるあいづちが◎。

シチュエーション別あいづち

▶相手の話を肯定したいとき

- そうですよね
- そのとおりですね
- なるほど
- 本当ですね

▶興味があることを表したいとき

- 驚きですね
- 信じられません
- 本当ですか？
- すごい！
- おもしろいですね

▶同意できないとき

- 興味深い考え方ですね
- 新しい視点ですね
- ○○さんならではですね
- そうかもしれませんね
- 独自の視点をお持ちなんですね

対策5　顔の筋肉をマッサージ

　よい笑顔が自然にできる人は少ないものです。顔の筋肉が凝って硬くなっているため、いざ笑顔になろうとしても引きつって、不自然な笑顔になってしまうのです。

　そこで、笑顔の練習から一日をはじめてみましょう。鏡に向かって表情筋をマッサージして筋肉をほぐしておけば、表情が自然になるだけでなく、血色もよくなり顔のシワも伸びます。

　また、声は骨と筋肉と体の中の空洞で響いて出るので、筋肉がかたまっているとその分、音がミュートされてしまいます。顔の筋肉を柔らかくするだけで、声も通るようになります。

　また、顔は人に会うときに必ず使う、一番頑張る筋肉です。一日の終わりにもお礼を言いながら、マッサージしましょう。

🔊 Lesson!

苦手な人に会う前には30秒笑顔を作る

人間なのでどうしても苦手な人はいるものです。そんなときは作り笑顔を30秒間キープしてみましょう。口角を上げるだけでもかまいません。脳は作り笑顔と本当の笑顔を区別することができないので、たとえ作り笑顔でも本当に笑っているときと同じように、気持ちが明るくなっていくのです。そうすると、作り笑顔が本当の笑顔になっていき、苦手意識も気にならなくなっていきます。

簡単！顔のマッサージ法

❶舌を出す

下から引っぱられるようなイメージで、舌を思いきり出して30秒ほどキープします。斜め下や横、上と方向を変えてみるのも◎。

❷口の周りを柔らかく

歯茎と唇の間に人差し指を入れて、指でグイッと突き上げます。歯茎と唇の間のスペースを広げるイメージで、全方位で行います。

❸あごの筋肉をマッサージ

あごの下に両手の親指を入れて、人差し指、中指、薬指の3本をあごに添えてぐっと上に動かしながら、マッサージします。

❹頬の内側からマッサージ

親指を口の中に入れて頬の内側に添え、手前に動かしてマッサージします。左右両側とも行いましょう。

COLUMN 02

クッション言葉を身につけよう

クッション言葉は、相手に言いにくいことを伝えるときに添えると言い方を和らげる効果があります。頼みづらいことをお願いするとき、相手の要望を断るときなどに使うと角が立たないので、覚えておくとよいでしょう。

お願いする	・お手数おかけしますが…… ・恐れ入りますが…… ・お忙しいところ申し訳ありませんが…… ・差し支えなければ……
断る	・残念ながら…… ・お気持ちはありがたいのですが…… ・あいにくですが…… ・申しわけございませんが…… ・せっかくのお話ですが……
反論する	・お言葉を返すようですが…… ・失礼かとは存じますが…… ・確かにそのとおりでございますが……
抗議・注意する	・このようなことは言いづらいのですが…… ・厳しいことを言うようですが…… ・大変申し上げにくいことなのですが……

脱！話下手！
話上手になるための プラクティス

話下手は練習あるのみ！

話下手を脱却したい、話上手になりたい……思っているだけでは何も変わりません。話し方は、クセとなっているので、練習しなければ直らないのです。

これから紹介するプラクティスは、どれも誰でもすぐに取りかかれるような簡単なものばかりです。ぜひ試してみましょう！

紹介するプラクティス

1 手本を決めてマネをする
上達の近道はマネをすること。テレビの中の芸能人、尊敬する人などを手本にしましょう。

2 話すことを文字に起こす
話し方が単調で聞き手に飽きられてしまう人におすすめ。話すことを紙に書くだけです。

3 自分の話していることを録音する
録音して聞き返せば、自分のことがよくわかります。

4 相手が話したことをくり返す
話しすぎて人の話を聞けないタイプにおすすめです。

プラクティス 1

手本を決めてマネをする
すべらない話の マネをする

「人志松本のすべらない話」はダウンタウンの松本人志さんがMCを務めるトーク番組。聞き手が「どうなるの？ それで？」と最後まで聞きたくなるような話し方を習得するための練習に。

練習方法

「すべらない話」の中から、自分が気に入った話を選びます。

そして一字一句すべてをマネするくらいの気持ちで、コピーして話してみます。出演者がひとつのエピソードをオチに行き着くまでどのように話すか体で覚えましょう。

こんなタイプにおすすめ

TYPE01 論理的すぎる人

➡ 普段具体的に話すことを面倒くさがって、話の細かい部分を削ってしまう人は思った以上に丁寧に話さなければおもしろさは伝わらないということに気づきます。

TYPE02 感覚的すぎる人

➡ 自分の頭の中に浮かんでいる映像を伝えるとき、自分が省きがちな情報（5W1H）や、つなぎの言葉をどうやって入れればよいのかが、体でわかります。

プラクティス 1

手本を決めてマネをする
しゃべり口調の本を朗読する

　主語や目的語が抜けたり、話が飛んでしまう人におすすめの練習方法です。朗読するだけで自然と、リズムの整った、スムーズな話し方ができるようになります。

練習方法

本の中でもしゃべり口調に近い本を選んで、実際に声に出して読んでみましょう。

自分が「こんなふうに話したい」と思うような言い回しや言葉が使われていて、なおかつ内容にも共感できる本を選ぶとよいでしょう。朗読をくり返すうちに、それが普段の話し方にも反映されていきます。

こんなタイプにおすすめ

TYPE02 感覚的すぎる人

➡ 話が飛んだり、言葉が足りなかったりして文末までスムーズにたどり着けない、ガタガタした話のリズムを自然に矯正することができます。

➡ まとまったリズミカルな話の流れを、頭で「直そう」と考えなくても朗読しているうちに体で覚えて、自然と習得することができるようになります。

プラクティス 1

手本を決めてマネをする
尊敬する人の講演を反復する

　周りに尊敬している人や憧れている人はいませんか。講演など、その人の話を聞ける機会があれば積極的に聞くようにします。効率的に話上手な人に近づくための練習になります。

練習方法

　尊敬する人の講演などを録音、録画したものを聞きながら実際に声に出して、スピーカーの中の話を追いかけます。

　もし、わかりにくい部分があった場合は自分ならどう話すのかを考えてみます。

こんなタイプにおすすめ

TYPE02 感覚的すぎる人
TYPE04 自己主張できない人

自然に話し方の練習に

尊敬する人の話し方を何度も聞きながらマネすることで、滑舌やリズム、使う言葉が似るようになります。意識せずとも話上手になるための練習ができるようになります。

プラクティス 2
話すことを文字に起こす

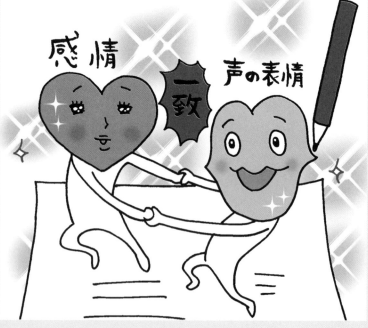

　プレゼンやスピーチでなくても、ちょっとした飲み会での挨拶や会議での発言など、人前で話す機会はよくあります。そんなとき、原稿を作ると感情と声の表情をつなげるための練習になります。

練習方法

　自分が話すことを紙に書いてみます。

　その際、重要なことは大きな文字にしたり、嬉しいことは赤色で書いたりと、フォントのサイズやカラーを変えるのです。感情のイメージを視覚的にわかりやすくし、声に表情が出るようにします。

こんなタイプにおすすめ

TYPE01 論理的すぎる人
TYPE04 自己主張できない人

声に表情がつく

大きな文字で書いた部分は、声も自然と大きく出せるようになります。声のボリュームを自分で操れる人は少ないですが、この方法で次第に身につき表現の幅が広がります。

プラクティス 3

自分の話していることを録音・録画する

　客観的に自分を見つめれば、課題は自然に見えてくるもの。話しているところを録音して聞き返せば、いつも周りの人が聞いている自分の話し方を客観的に知ることができます。

練習方法

普段自分が話している会話を、録音してみます。

また、録音した映像を音声を消して見返すと、どんな表情や身ぶり手ぶりで話しているかがよくわかって◎。

こんなタイプにおすすめ

TYPE01 論理的すぎる人
TYPE02 感覚的すぎる人
TYPE03 話しすぎる人

自分の声を実際に耳にすることで、自分の話し方のクセがわかるので、嫌でも自分の話し方を客観視することができるようになります。自分の話し方と向き合い、課題を把握することができるので、話し方を改善するには一番おすすめの方法です。

プラクティス 4
相手が話したことを伝え返す

練習方法

自分が話をしっかり聞けているか確認するための練習です。練習方法は、話し相手が話したことを伝え返すだけと簡単です。

こんなタイプにおすすめ

TYPE03 話しすぎる人

➡ 相手が話したことを伝え返すためには、相手の話を集中して聞く必要があります。聞くことにエネルギーを使うので、自分が言いたいことを考えずにただ「聞く」ことができるようになります。

第3章 困ったときの対策

会話中の困った！
を助けるフレーズ集

困ったときの助けになるフレーズ

　たとえば通勤途中に上司が前を歩いているのに気づいたけれど、何と挨拶してよいかわからない。取引先と面会するときに、仕事以外の話ができない。電話するのがとにかく苦手だ。このように日常やビジネスで困ったことはありませんか。

　これから紹介するのは、あなたの「困った！」の助けになるフレーズ集です。苦手とする声が多いシチュエーション別にフレーズと気をつけたいポイントやアドバイスを解説します。

どんなときに困った！と感じる？

 挨拶するとき、何と言えばいい？

会議中、自分の意見を言いづらい…

 プレゼンでいつも失敗する…

取引先との雑談がうまくいかない…

 朝礼のスピーチがいつも憂鬱…

CASE 01 人前での挨拶

さまざまな場面における挨拶は必要で、コミュニケーションにおいて不可欠です。どんなときも相手と目線を合わせて笑顔で明るく挨拶したいものです。

●出勤前に社内の人と会ったらどうする? ·····························

おはようございます。
今日は暑くなりそうですね

POINT 挨拶の言葉の後に、天候や季節のことなどをひと言織り交ぜると和やかな会話の入り口になります。このフレーズ以外にも「昨日の雨、大丈夫でした?」「台風が来ているみたいですね」など、過去や未来の話もよいでしょう。

●挨拶に親近感を持たせるにはどうする?·····························

○○さん、おはようございます

POINT 挨拶の前や後に相手の名前を呼ぶと、親近感が生まれます。相手の目を見て、笑顔で挨拶をするよう心がけましょう。

◀)) NOTICE 気がつかないふりをして無視するのは、悪印象です。

●久しぶりに会う人には何と挨拶する?·····························

ご無沙汰しております。
○○の件ではお世話になりました

POINT 「ご無沙汰しております」と長らく連絡をしていないことを詫びます。続けて、お世話になったときのお礼を述べたり、相手の現在の近況を聞いたりするとスムーズに会話に入ることができます。

● 前回の仕事のお礼を伝えたいときは？

先日はありがとうございました。おかげさまで○○の件はうまくいきそうです

前回一緒にした仕事のお礼を丁寧に述べます。「おかげさまで」「○○さんのおかげで」などの言葉で、相手の協力によって滞りなく終えられたと相手を立てて感謝の気持ちを伝えると、今後の関係も良好になるでしょう。

● 出かけるときは何と声をかける？

○○に行ってまいります。戻りの時間は15時ごろになります

POINT
外出する際は、どこに行くか、戻り時間は何時くらいになるかを伝えてから出かけましょう。社内であっても違う部署に行く場合は、所要時間と場所を伝えたほうが安心と信頼につながります。

● 上司に仕事の指示を求めるときはどうする？

何か私にお手伝いできることはありますか？

POINT
手持ちの仕事が終わったら周りのお手伝いをできるといいですね。上司から声をかけられる前に積極的に自分から申し出ましょう。

引き受けるときは「かしこまりました」とハキハキ返事を。

● 社内でエレベーターから降りるときは何と声をかける？

お先にどうぞ

POINT　上司や来客と一緒に乗ったときは、目下の者がボタンの前に立って操作するのが基本です。降りるときも開ボタンを押し、ドアを手で押さえながら、「どうぞ」と相手に先に降りてもらうよう促します。

● お昼休憩に入りたいけれど何と声をかける？

お昼休憩をいただきます

POINT　お昼休憩は、会社の人に声をかけてから行きます。まだ仕事をしている人がいたら、「お先にお昼休憩をいただきます」と声をかけましょう。

◀)) NOTICE　時間になったからと、無言で外出するのはマナー違反です。

● 上司の後ろを通りたいときはどうする？

後ろを失礼いたします

 ADVICE　オフィスでは小さな挨拶、気遣いが大切です。後ろを通るときに何も声をかけないでいたら、ぶつかってしまうかもしれません。社内だからと油断せず、後ろを通るときもこまめな声かけを心がけましょう。

● 先輩がまだ残っている中、退社するときはどうする?

お疲れさまです。
お先に失礼いたします

POINT 退社する際、まだ残っている人がいたら、必ず先に失礼すると声をかけます。

ADVICE 自分の仕事は終わっていても忙しそうな人がいたら自分から「何か手伝えることはありますか」と声をかける気遣いを。

● 上司の身内に会ったら何と挨拶する?

こんにちは。
○○部長にはいつもご指導いただいております

POINT 社外の人の前では上司に対して尊敬語を使うのはマナー違反とされていますが、身内は別。上司と一対一で話すときと同様に、尊敬語を使います。また上司への感謝を伝えられるいい機会です。

● 転勤などで遠く離れる人には何と言う?

寂しくなりますが、
新天地でのご活躍をお祈りしております

POINT いなくなることが寂しいということと、新しい環境でも変わらず活躍してほしいという気持ちを素直に伝えます。

NOTICE 相手にとって新しい門出なので、前向きな言葉で送り出しましょう。

第3章 人前での挨拶

CASE 02 会議中・プレゼン

会議やプレゼンは多くの人がいる中で発言したり、質問を受けたりしなければいけないので独特の緊張感があり、焦ってしまいがちです。

● 相手の意見と反対の意見を言うときは何と言う？

○○さんは、□□とお考えなのですね。続いて、私からもご提案させていただいてよろしいでしょうか？

POINT たとえ反対意見だったとしても真っ向から対立したり、頭ごなしに否定したりすると角が立ちます。一度相手の意見を受け取ったうえで、謙虚な姿勢で自分の意見を述べるようにしましょう。

● 参加者がなかなか意見を言わないときは？

もし仮に○と△でしたら、どちらの意見がいいと思いますか？

POINT 自分の意見を言わない人、周りに同調しかしない人がいたら、「もし仮に」と選択肢を2つ用意して選んでもらうといいでしょう。二者択一ならどんな人も自分の意見も言いやすくなる効果があります。

● 相手の意見の真意を確認したいときは？

××は○○という解釈でよろしいでしょうか？

POINT 曖昧(あいまい)な意見は自分だけで判断せず、解釈が合っているかどうか、相手に確認しましょう。

ADVICE 「こちらの理解不足でしたら申し訳ございません」と添えると、より丁寧な言い方になります。

第3章 会議中・プレゼン

● 意見を求められたけれど考えがまとまっていないときは？

申しわけありません、今は考えがまとまっていないので、まとまり次第発言させていただけませんか

POINT 黙り込むと相手は意見があるのかないのかわからないので対応ができず、困ってしまいます。また、言い訳するのも話を混乱させるもとになります。正直に状況を説明しましょう。

● 会議で質問したいけれどしづらい……

この件に関して不勉強で申しわけないのですが……

ADVICE 質問内容に自信がないときは、「聞き逃してしまったかもしれないのですが」などのクッション言葉を置くと、相手は質問を受け入れやすくなります。また相手に手間を取らせてしまう、という不安が和らぎ、質問しやすくなるでしょう。

● 相手の意見に一部賛成だけど後は反対したい……

○○には賛成で、××には反対です。なぜなら……

POINT 賛成する部分と反対する部分を並立の関係にして伝えます。反対の意見を述べるときは、まず賛成する部分を述べて相手が受け入れやすい雰囲気を作ることがポイント。また、必ず理由も添えて言うようにします。

● 自分の意見に対して質問されたときは？

○○について回答させていただきます。まず私が申し上げたご提案の根拠は……

 相手の質問には明確に回答します。話が紆余曲折しないよう、5W1Hを意識して述べるようにしましょう。自分の意見をあらかじめメモしてまとめておくと、相手の質問と照らし合わせて回答がしやすくなります。

● 自分の意見を相手が誤解しているときは？

私の言葉足らずで申しわけございません。先ほど「○○」と申したのは××という意味で……

POINT　まず誤解の原因は自分の伝え方にあるという姿勢でお詫びをします。その後、誤解されている点を丁寧に説明し、正しく理解してもらいましょう。

◀)) NOTICE　相手を「理解不足」などと責めてはいけません。

● 会議が長引いて休憩したい……

お話の途中ですが、いったん温かい飲み物でひと息つくのはどうでしょう

 話が煮詰まり、参加者の集中力が切れているときは、会議の区切りを提案すると気の利いた印象になります。自分の感覚だけでなく、周りの様子から休憩を提案するタイミングを計りましょう。

第3章　会議中・プレゼン

● プレゼンでわかりやすく結論を言うときは？

以上のことより、○○が当プロジェクトの要であることが結論づけられます

POINT　結論は「以上のことより」「したがって」などの言葉に続けると、相手に伝わりやすいでしょう。このタイミングでだらだらと話し続けるのは逆効果になるので、潔くすっきりと終えるようにします。

● メリットをアピールしたいときは何と言う？

○○というメリットが期待できます

POINT　聞き手の関心を引く基本は、聞き手が得られる利益を伝えることです。相手が関心を持っているのは、自分がどうなるのかという未来なので、それをイメージできるように言語化しましょう。

● アピールポイントを強調したいときはどうする？

本日もっともお伝えしたいことは次の3点です

　プレゼンするときは、重要なポイントがいくつあるかを伝えてから話すと、わかりやすくなるうえに、それぞれを強調することができます。ポイントは短いシンプルな言葉でまとめるとよいでしょう。

●聞き手が理解しているか気遣うにはどうする？

今までの説明は、ご理解いただくために十分なものでしたでしょうか？

POINT 聞いた内容を理解するには時間が必要です。相手が理解できるスピードで話すと同時に、話が区切れるところではしっかり間を作ることを意識しましょう。ひとりで話を進めるのでなく、相手が理解できているか確認することが大切です。

●相手の抱えている課題を確かめるには？

○○という課題があるとおっしゃっていましたよね。そのうえで、ご提案申し上げたいのが…

POINT 相手の言葉を受けたうえでの解決策の提案だと伝えることで、相手は興味・関心を持って聞いてくれるでしょう。また、相手が発言したことを確認するときは、「おっしゃっていた」と丁寧に。

●質問されたことがわからなかったときはどうする？

大変申しわけありませんが、勉強不足のため、今この場でお伝えできる答えを持ち合わせておりません

POINT まずは「ご質問ありがとうございます」と感謝を伝えましょう。その後に相手の質問にすぐに答えられないことを詫び、日を改めて答える旨を伝えて相手に配慮しましょう。具体的な回答期限を伝えるのがベストです。

第3章 会議中・プレゼン

CASE 03 取引先との雑談

取引先と面会するときは、仕事の話の前後に軽い雑談をして場をあたためましょう。あくまで雑談なので、軽い話題で十分です。

● 挨拶だけで終わってしまうときはどうする？

おはようございます。最後にお会いしてからもう半年になりますね

POINT 挨拶の後に日常の話や、「お変わりなかったですか」などと相手を気遣う言葉を述べて、相手への関心を言葉に表しましょう。返答しやすい質問をすると相手の言葉が引き出せるので、取引先と会話がスムーズにはじめられます。

● 共通の話題が思いつかないときはどうする？①

これはどなたが描かれた絵ですか？

 共通の話題が思い浮かばない場合は、その場で目についた物について触れると話が広がりやすくなります。適度に会話をすると場の雰囲気が和むので、仕事の話もスムーズに進めやすいです。

● 共通の話題が思いつかないときはどうする？②

○○駅にははじめて来ましたが、駅前がすごく栄えているのですね

POINT 取引先がある場所について尋ねると、その場所のいろいろな情報を聞くことができます。

 「△△が有名だと聞いたのですが」と、自分が知る知識を話し、会話を広げるきっかけにするのもよいでしょう。

第3章 取引先との雑談

● 相手の趣味について話題にしたいときはどうする？

そういえば○○さんは映画鑑賞がご趣味とのことでしたが、最近ご覧になった映画はありますか？

POINT 趣味についての話は相手が楽しいと感じやすい話題です。緊張した空気を和らげるだけでなく、相手の近況も知ることができるので、親密な空気を作りやすくなる効果もあります。

NOTICE 不自然でない切り出し方になるよう、タイミングを見計らって。

● 出されたお茶やお茶菓子を褒めたいときは？

この紅茶はとても香りがいいですね

出されたお茶やお菓子を無言で食べるのは相手に失礼なので、ひと言感想を述べましょう。また、自分が手土産で持ってきた物が出された場合は、そのお店のことを話題に出すと会話が広がります。

● 連休明けの話題選びはどうする？

連休中はどこかに行かれましたか？

POINT 連休の過ごし方を聞くと、会話が広がるだけでなく、相手のことを知るきっかけになります。

NOTICE 相手のプライベートを根掘り葉掘り聞くのは不躾(ぶしつけ)なので、失礼のない程度に伺うのがポイントです。

● 相手の仕事について聞きたいときは？

この仕事をはじめられて
どのくらいですか？

POINT 仕事のキャリアについて尋ねると、相手を知るきっかけになります。相手のほうがキャリアが長い場合は、仕事について相談したり、アドバイスをもらうといった流れも作りやすくなるでしょう。

🔊 NOTICE 辛いことなどネガティブなことを聞くのは避けましょう。

● テレビ番組やニュースを話題にしたいときは？

昨日テレビで見たんですが……

POINT 最近のテレビ番組やニュースは、盛り上がりやすい話題のひとつです。特に、ニュースは見ている人が多く、ネットからも情報収集ができるので、話が続きやすいというメリットがあります。

🔊 NOTICE 暗いニュースを話題にすると空気も暗くなるので注意。

● 雑談を切り上げて本題に入りたいときは？

では、そろそろ本題に入りましょうか

POINT 雑談が一段落したら、いつまでもダラダラと続けるのではなく「さて（では）、そろそろ……」と話の流れから自然に本題を切り出します。仕事の話に移るときに必要以上に気張ると、空気が硬くなります。

第3章 取引先との雑談

●最初の挨拶は何と言えばいい？

はじめまして、○○を担当させていただく××と申します。よろしくお願いいたします

POINT　初対面の人と会うときは、挨拶をしてから名乗りましょう。その後で「よろしくお願いいたします」「お時間をいただきありがとうございます」とひと言添えることで、相手に与える印象がアップします。

●話題が見つからないときはどうする？①

毎日冷えますね

POINT　気候の話は、多くの人が共感しやすい話題のひとつ。共通の話題のない相手にも有効です。このフレーズのほかにも「最近雨が続きますね」などとそのときの天気や最近の気候について触れると、会話のきっかけになります。

●話題が見つからないときはどうする？②

毎日日差しが強いですね。対策などはされていますか？

POINT　気候について触れるだけでなく、続けて気候に関係することを尋ねたり、共感するような話をするとより相手の言葉を引き出しやすくなります。相手の言葉を受けて、会話につなげていきましょう。

第3章　初対面の人との会話

● 自己紹介が物足りない気がする……

若輩者(じゃくはいもの)で至らない点も多いかと思いますが、よろしくお願いいたします

POINT 自己紹介の後に、「よろしくお願いします」という気持ちを「自分はまだ一人前ではない」と謙遜の気持ちを表すと、誠実さを伝えることができます。

ADVICE その後やる気を伝えるひと言を添えるとなおよいでしょう。

● 名刺交換した際に何か会話したい……

○○様という名字の方にはじめて会いました。どちらのお名前ですか?

POINT 相手の名刺を確認して、名前や名刺のデザインなどで興味を引かれる点があれば感想を述べると話が広がります。

ADVICE 話題にしやすいのは、相手の名前、漢字、会社のロゴ、会社の所在地などです。

● 上司が以前仕事をしていた相手に会うときは?

弊社の○○とお仕事をされたようで……

POINT 相手が以前に上司と仕事で関わったことを話すと、相手との距離が縮まりやすくなります。また、上司の代わりにお礼や伝言を伝えると、社内でのやりとりがしっかりできていることや、まめな印象を感じてもらえるでしょう。

●仕事について話題にするときは？

御社はほかにどのような
お仕事をされているんですか？

POINT 相手の会社について質問したり、「○○のデザインが本当に好きで……」などと相手の会社が手がけた仕事についての感想を伝えると、話が広がりやすくなります。事前に相手の会社について調べ、情報を集めておくとよいでしょう。

●共通の話題を見つけたいときは？①

私はゴルフが趣味なのですが、
○○さんはいかがですか？

POINT 自分の情報を伝えてから尋ねると、相手も答えやすくなります。この質問から共通の話題が見つかればラッキーですが、見つからなくても相手の趣味や出身地など、情報を引き出すことができるのでどちらにしても会話が広がるでしょう。

●共通の話題を見つけたいときは？②

○○さんのネクタイ素敵ですね。
ネクタイにはこだわりをお持ちなんですか？

POINT 話題を広げるには、まずは目につく物から会話の糸口にすることです。第一印象でぱっと目についた物は、その人のこだわりが詰まっている場所かもしれません。相手が嬉しそうな表情になればどんどん質問して話を引き出すと◎。

第3章　初対面の人との会話

CASE 05 朝礼

朝礼で3分程度のスピーチをする機会があるいう人は少なくないでしょう。使えそうなスピーチの定番ネタを集めたので、ぜひ参考にしてみてください。

● 朝礼で本題に入る前のいい切り出し方は？

今日は○月○日で△△の日と定められているようです

POINT　いきなり本題に入らず、そのときの季節や記念日に関して知っていることや夏季休暇など季節行事についての豆知識から話をはじめるとよいでしょう。相手が話を聞く体勢を整える時間にもなります。

● 偉人の言葉を借りて話をしたい……

モンテーニュは「いつかできることは、すべて今日でもできる」と言っています

◀)) NOTICE　偉人の名言には深みがあり、聞けてためになったと感じてもらいやすいでしょう。ただし、その偉人について後から質問されることもよくあるので、全く知らない人の言葉をつけ焼き刃で拾ってきて話すのは避けたほうがよいでしょう。

● 休暇明けのスピーチは？

昨日までゴールデンウィークでしたが、私は実家の福井県に帰省いたしました

POINT　休みの日のできごとは、話しやすい話題のひとつ。「できていなかった掃除をした」「少し遠出して買い物をした」などの小さなエピソードでも、相手に親近感を感じてもらえます。また、帰省した場合小さいころの思い出話などをしても。ただし短めに。

第3章　朝礼

135

● 豆知識を披露したいときは？

私はジーンズを集めるのが趣味なのですが、皆さんはこのジーンズという名前の由来はご存じですか？

POINT 知っている知識をスピーチに取り入れると、「新しいことを知ることができてよかった」と思ってもらえるでしょう。

ADVICE 知識自慢にならないよう、聞き手の反応を伺いながら相手も参加できるような話し方を意識するようにします。

● 時事ネタを話したいときは？

最近インターネット上で話題になっている○○というのをご存知ですか？

POINT 時事ネタは話を広げるために、大変有効な話題です。時事ネタを受けて、自分が何を感じたのか、学んだのかなど主観も織り交ぜたいですね。

NOTICE 暗いニュースや、批判的な政治ネタ、また女性が多い職場で野球ネタを取り上げるのは控えましょう。

● 読んだ本について話したいときは？

先日○○に関する「△△」という本を読みました。その本によると……

POINT 読んだ本を紹介して、内容を簡潔に説明したり感想や見解を述べるだけでよい話題になります。

ADVICE 話題作りに有効的なので、自己啓発本や新書など幅広いジャンルの本を常日ごろから読むようにするとよいでしょう。

●自分の趣味について話したいときは？

皆さん、ゴルフはされますか？
私の趣味はゴルフなのですが……

POINT 趣味をはじめたきっかけや、趣味を通してどんなことを学んだのかなどを話して話題を広げます。

◀)) NOTICE 周りの人にも趣味の魅力をわかってもらおうと、つい熱が入りがちですが、話しすぎて押しつけがましくならないように注意。

●スピーチの最後は何と締めくくる？

それでは今日も一日
よろしくお願いいたします

POINT 「一日よろしくお願いします」「一日頑張りましょう」などの言葉で締めると、話がまとまります。ぐだぐだにならないように最後はきっちりと締めて、その後も気持ちよく仕事を行えるように促しましょう。

●スピーチがあるのを忘れてしまったら？

申しわけございません。
自分のスピーチの件を失念しておりました。
明日発表してもよろしいでしょうか

POINT 最初に忘れていたことを素直にお詫びしてから、後日発表させてほしい旨を伝えるようにしましょう。

 ADVICE 「忘れていました」より「失念しておりました」のほうがビジネス向きの言い方になります。

第3章 朝礼

CASE 06 上司との会話

上司と会話する機会は一日の中で多くあります。円滑なコミュニケーションを取るためにも、失礼のない言い回しを身につけましょう。

● 朝の挨拶は何と言えばいい？

おはようございます。
○○課長、お茶はアイスとホットどちらになさいますか

POINT ただ挨拶に行くだけでなく、自分から飲み物を持っていく気遣いがあれば、一日を気持ちよく始められそうです。前日に飲み会があったときなどは、「昨日はありがとうございました」と伝えることも忘れずに。

● 上司には何と話しかければいい？

お忙しいところ失礼いたします。
今、よろしいですか？

POINT 上司が忙しいときに時間を取らせるのはNG。「今、よろしいですか」と上司の都合を尋ねてから相談しましょう。時間を割いてもらうことになるので、相談する内容は事前にまとめて簡潔に済ませます。

● 上司に呼ばれたら何と返事する？

はい。（上司の席まで行って）
お呼びでしょうか？

POINT 無言で向かうのではなく、必ず最初に相手に聞こえるくらいの声で返事をしてから上司のもとへ行きます。

 大事な話をされるかもしれないので、最初からメモ用紙とペンを一緒に持っていくとよいでしょう。

● 頼まれた仕事が急ぎかどうか確認したいときは？ ………………………………

いつまでにご用意すれば
よろしいでしょうか？

POINT 仕事を頼まれたときは、最初にいつまでに終えればよいのか
をあらかじめ確認してから取りかかるようにしましょう。

◀)) NOTICE 仕事が複数あるときは、急ぎのものを優先して取りかかって
よいか、上司に確認を。

● 頼まれた仕事を提出するときは何と言う？ …………………………………………

お待たせいたしました。
○○です

POINT 頼まれていた仕事が完了したことを伝えるときは、「お待た
せしました」とひと言添えると丁寧な印象になります。「ご
確認をお願いします」と最後に添えるのもよいでしょう。

◀)) NOTICE 上司のいないときに無言でデスクに置いておくのは NG。

● 頼まれた仕事がいつ完了するかわからないときは？ …………………………

申しわけありません、
すぐにわかりかねます

POINT どのくらい時間がかかるのかわからないときは、勝手な推測
で時間を伝えてはいけません。正直に事情を説明し、仕事が
終わる見通しがついたら、上司に報告するようにしましょ
う。

140

● 仕事を頼まれたが断りたいときはどうする?

申しわけありません、別の仕事で手いっぱいでして、本日中に取りかかるのがむずかしい状況です

POINT そのとき抱えている仕事が忙しく、取りかかることがむずかしい状況のときは、お詫びして正直に理由を説明します。

ADVICE 断るときは仕事が終わり次第手伝う、ほかに手伝える人がいないか探すなど、代替案を提示するとよいでしょう。

● 上司に言われたことを確認したいときは?

○○は××という理解でよろしいでしょうか?

POINT 仕事をするうえで確認することは大変重要なことで、こちらの誤った解釈ひとつでも、大きなミスにつながる危険があります。少しでも疑問を感じたら「○○ということで間違いないでしょうか」と上司に確認を怠らずに。

● 以前言われたことと違うことを言われたらどうする?

先日○○とおっしゃっていたと記憶しているのですが、私の勘違いでしたら申しわけございません

POINT 上司が勘違いをしていたり、仕事の変更点を伝えていなかったりする可能性があるので、疑問に思ったら丁寧な言葉遣いで確認しましょう。

NOTICE 相手の非を責めないよう、言い方には気をつけましょう。

第3章 上司との会話

●仕事の進め方を相談したいときは?

○○ですが、どのように進めればよいでしょうか?

POINT　仕事の進め方がわからないときは勝手に判断せず、上司に相談しましょう。

　相談する前に、上司に何について相談したいかを伝え、時間を取ってもらえるか伺いを立てておくと◎。

●目を通してほしい仕事があったときは?

○○にお目通しいただけないでしょうか?

POINT　上司に「見てほしい」と伝えるときは「お目通しいただけませんか」と丁寧な言い方を。上司は忙しい立場にあるので、「お時間があるときに」とひと言添えると、配慮した言い方になります。

●上司に伝言するのが遅くなったときは?

お伝えするのが遅くなり、申しわけありません

POINT　まず、伝えるのが遅れたことを謝罪しましょう。何も言わずに伝言だけを伝えるのはNG。緊急の用件の場合もあるので、「○日の△△時に連絡がありました」と伝言を受けた時間も伝えられるようにメモに残しておきましょう。

●上司にミスを指摘されたときは何と返す?

申しわけございません、すぐに確認いたします

POINT まずは言い訳や弁解はせず、すみやかに謝罪します。「すぐに確認いたします」など、これからどう対応するかも伝えましょう。

 今後は同じミスをしないという反省の気持ちを表すのも◎。

●上司にアドバイスを求めるときは何と言う?

ご助言いただけますでしょうか

POINT 目上の人にアドバイスを求めるときは、丁寧に「ご助言いただきたい」というのが定番です。

 ほかにも「お知恵を拝借したい」というフレーズもあるので、スムーズに使えるようになるとよいでしょう。

●取引先に何と伝えるか確認したいときは?

先方にはどのように申し上げたらよろしいでしょうか?

POINT 取引先と連絡を取るときは、上司に何と伝えればよいのかをしっかり確認しましょう。取引先のことは「先方」と表現するのがビジネスでは定番です。「言う」の謙譲語の「申し上げる」を使って丁寧に聞きましょう。

CASE 07 電話をかける・受ける

電話は相手の顔が見えないコミュニケーションだからこそ、失礼のない言い回しや誤解を生まない配慮が必要とされます。

●用件を話す前には何と言えばいい?

○○の件について、今少しお時間よろしいでしょうか?

POINT 最初に「○○の件について……」と話したい内容を明らかにして、相手の都合を確認します。「△分ほど」と時間を明確にすると、より判断しやすいでしょう。

 電話では雑談する必要はないのですみやかに本題に入り、内容を簡潔に話しましょう。

●切る前に内容を確認したいときは?

それでは、○○は△△ということで進めてまいります

POINT 名前や日時などの聞き間違いや、話の解釈に食い違いがあると、その後の仕事のミスにつながります。電話を切る前に、話した内容を相手としっかり確認するようにしましょう。

 電話を切った後、メールでも念押しするとより安心です。

●電話中に誤って電話が切れてしまったら?

先ほどは電話が切れてしまい、申しわけございませんでした

POINT 電話をかけた側からかけ直すのがマナーです。電話が切れたことを丁寧にお詫びしてから、話を再開します。こちらが切っていない場合でも、「電話が切れてしまったようで申しわけございません」とお詫びのひと言を添えると親切です。

●相手が不在で折り返すと言われたけれど断りたいときは？

ありがとうございます。お手数ですので、こちらからご連絡させていただきます

POINT 緊急の用件でない場合は、かけた側からかけ直すのが基本です。相手の申し出は丁重に断り、こちらからかけることを伝えます。

ADVICE 「お手数ですので」「急ぎではないので」などと添えると◎。

●留守番電話につながってしまったら？

○○様のお電話でお間違いないでしょうか？□□会社の△△です

POINT 念のため、相手の電話であるか確認してから、会社名と氏名をはっきり名乗ります。その後、「××の件でお電話いたしました」と簡潔に用件を話します。「また電話します」とだけ言うのは相手に何の用かと気を揉ませてしまうので避けましょう。

●本来取り次ぐ相手ではない人に取り次がれたときはどうする？

申しわけありません、○○の件でお話があるので、○○様をお願いしたつもりでした。改めてお取り次ぎをお願いできますか？

POINT 丁寧に取り次ぐ相手が違うことを指摘して、改めて担当者への取り次ぎを頼みましょう。

NOTICE こちらに非がないからと、失礼な態度を取ってはいけません。

● 電話を受けて取り次ぐ相手がいるか確認したいときは？ ………………………

○○ですね。確認いたしますので 少々お待ちいただけますでしょうか？

POINT 間違えがないよう担当者の名前を復唱してから、担当者に取り次ぎましょう。「お待ちください」ではなく、「少々お待ちいただけますか？」と丁寧な言い方を心がけます。

◀)) NOTICE 「△△部長ですね？」などの身内敬語には要注意です。

● 相手の名前がうまく聞き取れず聞き直したいときは？ ……………………………

申しわけございません、 もう一度お名前をお聞かせ いただませんか？

POINT 聞き取れなかったことを謝罪して、改めて名前を聞き直します。「お名前を頂戴しても……」という言い方がよくありますが、名前は頂戴するものではないので間違いです。

◀)) NOTICE 相手の名前がわからないまま取り次ぐのは厳禁です。

● 保留にして確認したいことがあるときは？ ………………………………………………

お調べしますので、 少々お待ちいただけますでしょうか

POINT 少しでも回答に不安があるときや、わからないことがあるときは保留にしてわかる人に確認したり調べたりする必要があります。保留にするときは、相手に待ってもらえるか一度伺いを立てましょう。

第3章

電話をかける・受ける

147

●保留を解除するときは何と言う？ ……………………………………………

大変お待たせいたしました

POINT 保留を解除していきなり本題に入るのではなく、まず「お待たせいたしました」と相手を待たせてしまったことをお詫びするのがマナーです。すぐに電話に戻った場合でも、ひと言添えることを忘れずに。

●保留にしたものの時間がかかりそうなときはどうする？ ………………………

申しわけございません、少しお待たせしてしまいそうなので後ほど折り返しご連絡させていただいてもよろしいでしょうか

POINT 作業をしている自分にとっては短い時間でも、保留音を聞き続けている相手にとっては長い時間です。相手を長く待たせることになると感じたら、一度切ってよいかどうか相手に確認し、またこちらからかけ直しましょう。

●相手からの電話だけど、違う用件を話したいときは？ ………………………

いただいたお電話で恐縮なのですが、○○の件をお話させていただいてよろしいでしょうか？

POINT 本来、話したい用件がある場合はこちらからかけるのが電話のマナーです。それを相手からの電話で、そのまま話させてもらっているので「いただいた電話で申し訳ない」という気持ちを伝えてから、用件を切り出します。

● 取り次ぐ相手の戻り時間がわからないときはどうする？

○○ですが、明確な戻り時間がわかりかねる状況でして……

POINT 担当者が会社に戻る時間がわからない場合は、適当なことは言わずに「わかりかねる」という言葉を使います。

 「お急ぎでしょうか？」と急ぎの用件であるかを確認すると、なおよいでしょう。

● 取り次ぐ相手が遅刻しているときは何と言う？

本日○○は立ち寄りがありまして、△時ごろには出社する予定です

POINT そのまま正直に会社に遅刻していると相手に伝えると信頼を損ねる可能性があるので、立ち寄りをしてから出社をするという表現で対応しましょう。担当者が出社する時間がわかっているときは、余裕を持って時間も伝えます。

● 携帯電話にかかってきたけど、かけ直したいときは？

申しわけございません、ただいま移動中ですので30分後にかけ直してもよろしいでしょうか

POINT 電車の中や騒がしい場所など、会話するのが困難な場所では無理に会話せず、お詫びしてかけ直すと伝えるのがマナーです。何分後にかけ直すのかは必ず伝えましょう。

第3章 電話をかける・受ける

お詫び

言い訳せず、すみやかに謝罪することが大切です。心からお詫びの気持ちを伝えたうえで、今後の対応なども伝えたいものです。

●軽いお詫びをするときは何と言う？

○○してしまい、失礼いたしました

POINT　謝罪したいけれど、重い雰囲気にはしたくない、というときは、「失礼いたしました」という言葉を使いましょう。

◀))**NOTICE**　「すみません」と使ってしまいがちですが、ビジネスの場には適しません。

●自分のミスをお詫びしたいときは何と言う？

申しわけございません、
私の不注意でした

POINT　軽いミスでも「私の不注意」や「こちらの手違い」という言葉を使って、自分のミスを認め、正直に伝えましょう。失敗は隠そうとせずに認めて謝罪することが、誠実な人間関係を育みます。

●強いお詫びの気持ちを伝えたいときは？

心より深くお詫び申し上げます

POINT　お詫びを表現する定番フレーズです。重大なミスが起こったときなど心からお詫びの気持ちを伝えたいときに使いますが、乱用は禁物です。ほかにも「陳謝いたします」という表現があります。

第3章　お詫び

●自分のミスではないことがわかっているときはどうする？

ご迷惑をおかけして申しわけございません。詳しく調べまして後ほどご連絡させていただきます

POINT 自分のミスでなくても、相手に迷惑がかかったのは事実なのでしっかりお詫びすることが大切です。その後に、原因を調べてまた連絡する旨を伝えると、相手も理解してくれるでしょう。

●相手の力になれなかったことをお詫びしたいときは？

お役に立てず申しわけございません

POINT 「それはできません」などと自分の都合を最初に伝えるのではなく、相手の気持ちに応えられなかったことをお詫びします。「お役に立てず……」と相手に配慮した言葉を添えるとよいでしょう。

●メールの返事が遅くなったことをお詫びしたいときは？

○○についてのお返事が遅くなり、大変失礼いたしました

POINT 相手からきたメールは一日以内に返信するのがマナーです。メールの返信が遅れることで仕事に支障が来すこともあるので、遅れた場合はないがしろにせず、しっかりとお詫びしましょう。

● 約束を失念してしまったら何とお詫びする?

本日はお約束を失念してしまいまして、誠に申しわけありませんでした

POINT　相手の時間や好意などを無駄にしたことになるので、深く謝罪する必要があります。しっかりとお詫びして、「今後このようなことがないよう、気をつけます」と続けて反省の気持ちを表しましょう。

● アポイントに遅刻するときは何とお詫びする?

申しわけございません、○○により△分ほど遅れそうです。ご迷惑をおかけいたします

POINT　約束の時間に間に合わないことがわかったら、すみやかに相手に連絡します。謝罪して、遅れる理由と何分遅れるのかを伝えましょう。最後に「ご迷惑をおかけします」と言って、申しわけないという気持ちを再度お伝えします。

● 自分の勘違いをお詫びしたいときは?

申しわけございません、私の認識不足でした

POINT　「勘違い」は「認識不足」と言い換えて、謝罪の気持ちを伝えます。

ADVICE　このような事態を避けるために、相手と仕事の状況を逐一確認するようにしましょう。

第3章 お詫び

●相手のミスが原因で自分は悪くないときはどうする?

私からも再確認できていたら
よかったなと思っています。
これからは……

POINT ミスの責任をすべて相手に負わせたり、相手の非を一方的に責めたりするのではなく、こちらにもできることがあったと伝えることで、前向きに会話を進めたいものです。

●問題が解決した後にお詫びしたいときは?

このたびはお騒がせいたしました

POINT 問題が解決した後の定番フレーズです。相手に迷惑をかけたこと、手をわずらわせたことを謝罪して、これからの対処法などもお伝えします。

 その後は、ミスの話しを蒸し返すよりも、同じミスが起こらないためにどうするかについて話しましょう。

●相手の指摘を受け入れてお詫びしたいときは?

○○様のご指摘はごもっともです。
申しわけございません

POINT ただ謝罪するのではなく、相手の指摘に同意してからお詫びの言葉を述べると、相手は自分の気持ちが伝わったことに安心します。また、状況によっては「ご指摘してくださってありがとうございます」と感謝を伝えるのもよいでしょう。

●言い訳もできないと伝えたいときは？

弁解のしようもございません

POINT 重大なミスで相手を怒らせてしまったときや不快な気持ちにさせてしまったときは、言い訳のしようがないほど反省しているという姿勢を示してお詫びします。深いお詫びの気持ちを伝えることができます。

●失敗したことを恥ずかしいと伝えたいときは？

お恥ずかしい限りです、申しわけございません

POINT 自分の失敗を恥じていることを伝える定番の表現です。本当は善処したかったのにできなかった不甲斐なさや無念さを相手に伝えられます。自分ではなく、部下のことをお詫びする際にも使われるフレーズです。

●今後の関係をお願いしたいときは何と言う？

申しわけございませんでした。どうかこれに懲りずに、今後ともよろしくお願いいたします

POINT まず誠意を持って謝罪してから、「これに懲りずに……」と関係の継続を丁寧にお願いします。しっかりと相手に謝罪して誠実さを受け取ってもらえたら、相手も関係を続けようと思ってくれるかもしれません。

第3章

お詫び

CASE 09 クレーム対応

感情的になったり言い訳をしたりしては相手の怒りに火を注ぐだけです。誠意を持って謝ったうえで、相手の話を心から聞きましょう。

●誠意を持って謝るときは何と言う?

このたびはご迷惑をおかけし、
誠に申しわけございません

POINT どんな事情があっても、まずは「誠に申しわけございません」と心からお詫びの言葉を伝えましょう。

◀)) NOTICE きちんと謝罪せずに対応しようとすると、相手が逆上しかねません。

●相手の話を詳しく聞くにはどうすればいい?

詳しいお話をお聞かせ願えませんか?

POINT クレームを対処するうえで大切なのは、相手の話を詳しく聞き出すことです。「聞かせてください」ではなく、「伺う」「お聞きする」と、へりくだった言い方で聞きます。

◀)) NOTICE 相手の話を遮って話すのは厳禁です。

●相手の発言を確認したいときは何と言う?

届いた商品が壊れていた
ということですね

POINT 相手の話の復唱は、正確な状況を把握するため、そして相手の話をしっかり聞いている姿勢を表すために行います。自分の話を復唱されることで、相手も伝わっていると安心することができます。

第3章 クレーム対応

◉商品の確認をしたいときは何と言う？

大変恐れ入りますが、すぐに調査いたしますのでお持ちの商品の製品番号を教えていただけますでしょうか？

POINT　「大変恐れ入りますが」「ご面倒をおかしますが」と、相手に手間をかけることに配慮するクッション言葉を挟んだうえで商品の情報を尋ねます。「すぐに調査する」などの言葉で、すみやかに行動に移す姿勢を示すとなおよいでしょう。

◉相手の怒りを受け入れるときは何と言う？

○○様のお気持ちお察しいたします

POINT　相手が感情的になっているときは、相手の言い分を聞いてこちらはそのまま受け取ることが大切です。相手の気持ちに寄り添って共感を示せば、相手も「わかってくれた」と感じられて気持ちが落ち着いていくでしょう。

◉担当者につなぎたいときは何と言う？

その件に詳しい担当の者から説明いたしますので、少々お待ちいただけますでしょうか

POINT　自分ではわからないときは、担当者や上司につなぎます。代わる際は、正確に状況を伝えてもう一度クレームの内容を話させる手間を省きましょう。

🔊 **NOTICE**　わからないからといって、すぐに投げ出すのは NG です。

●対処法を提案したいときは何と言う？

それでは、至急商品をお送りいたします

POINT クレーム対処は相手の話をしっかり聞いたうえで、こちらから解決策を提案することが大切です。

🔊 **NOTICE** 相手の怒りをしずめたいあまり、できない約束をするのは逆効果です。自分で判断できないときは必ず上司に相談を。

●どう対処してよいか自分ではわからなかったときは？

一度検討し、また折り返しご連絡させていただけないでしょうか？

POINT 自分ではわからない、判断できないときは上司に相談して一度改めたほうがよいでしょう。こちらから「○時に改めてお電話させていただいてもよろしいでしょうか」とかけ直す時間を明確にしておくと、信頼感が生まれます。

●社長を出せと相手に言われたらどうする？

申しわけございません、まずは上司と相談させていただいてもよろしいでしょうか？

POINT 相手に押されるがままに、無責任に「かしこまりました」と受け入れてはいけません。相手の要望を断ることをお詫びし、上司に相談してよいかどうかを提案します。自分の手に負えなくなったら、すみやかに上司に助けを求めましょう。

第3章 クレーム対応

● 返品してほしいと伝えたいときは何と言う?

大変お手数ですが、お手元の商品を弊社に着払いで送っていただけないでしょうか?

POINT 相手の時間と労力を割くことになるので、「大変お手数ですが」と相手に配慮してから、商品を送ってもらえるように頼みます。「着払いで」と、送料はこちらで負担することも明確に伝えます。

● 相手が言っていることがよくわからないときは?

お話の途中で申しわけございません、お客様のお話を私がきちんと理解できているか確認させていただいてもよろしいですか?

POINT 「意味がわからない」などとそのまま伝えると、相手の怒りを助長します。内容を確認させてほしいことを丁寧に頼み、相手と話を整理しましょう。

相手が声を荒らげてもそれに引っぱられず、話を聞くように心がけます。

● 今後は気をつけると伝えたいときは?

今後はこのようなことがないよう、全スタッフの指導を徹底いたします

POINT 今後は不手際のないように気をつける、という気持ちを相手にしっかりと伝えます。立場によっては「社内で共有いたします」と伝えるとよいでしょう。続けて、「作業に細心の注意を払う」などと、具体的な対策を相手に提示します。

●クレームを受けた商品が自社の物ではないときは？

大変恐れ入りますが、あいにくその商品は弊社の物ではないようです

POINT 相手の勘違いをすぐに指摘するのは失礼なので、「大変恐れ入りますが」と切り出して、他社製品だということを角が立たないように相手に伝えましょう。

NOTICE 「間違っています」と直接的な表現をするのはNGです。

●先方を訪問することになったときは何と言う？

これから出発いたしますので、30分後にはお伺いできます。お客様のご都合はいかがでしょうか

POINT 電話だけで済まず、訪問して直接謝罪することになったら、アポイントは取っていても出発前に再度相手の都合を確認します。訪問した際は、相手を見てしっかりお詫びの気持ちを伝えましょう。お詫びの品は「もしよろしければ……」と最後に渡します。

●クレームの電話を切るときは何と言う？

このたびはご指摘くださり、誠にありがとうございました。今後とも弊社の商品をよろしくお願いいたします

POINT 相手は自分の会社のために、わざわざ時間を割いて電話をくれたのです。ネガティブな気持ちは持たずに心から感謝を述べて、今後につなげる言葉で締めましょう。

ADVICE 「貴重なご意見ありがとうございます」と言っても◎。

第3章 クレーム対応

CASE 10 交渉・依頼

相手と交渉したり依頼したりするときは、押しつけがましい言い方にならないよう十分配慮します。

●変更案を提案したいときはどうする?

○○を××に変更されるとさらによくなると思うのですが、いかがでしょうか?

POINT　すでにある案を否定するのではなく、「いかがでしょうか」と言って新たな案を提示すると、相手も話を聞きやすくなります。その後に必ず提案する理由や、メリットなどを述べて意図を理解してもらえるように努めます。

●相手に断られたけれど再度お願いしたいときは何と言う?

御社のお力添えがなければ成し遂げられないと考えております。どうか、再度ご検討いただけないでしょうか

POINT　相手の力がないと達成し得ないことを伝えましょう。「御社のお力添えがあってこそ成し遂げられる」と肯定的に伝えても。

押しつけがましい言い方にならないよう注意しつつ、お願いします。

●自分たちもできることはすると伝えたいときは?

私どもにできることがございましたら、何でもいたしますので……

POINT　相手に任せきりにするのではなく、こちらもできる限り相手を手伝う、対応するという気持ちを伝えましょう。こちらも協力して相手だけに負担をかけさせないという姿勢を示せば、相手の不安を拭うことができるかもしれません。

第3章　交渉・依頼

● 予算をもう一度考えてほしいと頼むときは何と言う？⋯⋯⋯⋯⋯⋯⋯⋯⋯⋯⋯

予算について再度ご検討いただく ことは可能でしょうか

POINT 具体的に希望する予算があるときは、「○○円でどうかご配慮いただけないでしょうか」と伝えます。「……していただくことは可能でしょうか」というフレーズで相手に伺いを立てると、押しつけがましくなりません。

● スケジュールを交渉したいときは何と言う？⋯⋯⋯⋯⋯⋯⋯⋯⋯⋯⋯⋯⋯⋯⋯

○月○日までということでしたら お引き受けできるのですが……

POINT 相手の希望する期間と自分の都合が食い違う場合、「○○でしたらお引き受けできるのですが」と相手の都合に配慮しつつ、こちらの都合を伝えます。具体的なスケジュールを示すことで、相手も調整しやすくなります。

● はっきりさせたいことがあるときは何と言う？⋯⋯⋯⋯⋯⋯⋯⋯⋯⋯⋯⋯⋯

明確にしておきたい点が あるので確認させてください

POINT 交渉するうえで大切なのは、こちらの条件や相手の希望をどこまで汲むことができるかを相手に明言することです。

◀))NOTICE 「無理です」「できません」などと言うと角が立つので、「○○はできかねます」と柔らかい表現を使いましょう。

●こちらの事情をわかってほしいと伝えたいときは？

なにとぞ事情をお察しいただき……

POINT どうしても曲げられない、受け入れることができない状況があるときに、事情を説明してから使うフレーズです。このフレーズの後には、「ご検討のほどよろしくお願いいたします」などと続けます。

●読んでほしい資料などがあるときは何と言う？

ご一読いただけますでしょうか

POINT 「読む」の丁寧な表現の「ご一読」を使って、相手に確認してもらうよう頼みましょう。相手の都合もあるので、「お手すきの際に」「お忙しい中、恐縮ですが」などとひと言添えると配慮した表現になります。

●納期などの期限を延ばしてほしいときは何と言う？

○日ほどご猶予いただきたく存じます

POINT 「時間がほしい」とお願いするときは「ご猶予いただきたい」と丁寧な表現で伝えます。期日に間に合わないと予測がついたら、何日くらい延ばしてほしいかと、延ばしてほしい理由を併せて伝えます。

第3章 交渉・依頼

●強くお願いすることがあるときは？

伏してお願い申し上げます

POINT 「伏して」は、相手に強くお願いすることがあるときに使う定番の言葉です。ほかにも「謹んで」「何卒」を添えると、心からお願いしていることが相手に伝わります。

🔊 NOTICE 乱用するとかえって失礼にあたるので NG です。

●時間のあるときに確認してほしいと伝えたいときは？

お手すきの際に
ご確認いただけますと幸いです

POINT あまり急ぎの内容でない場合は、「お時間のあるときに」という意味を込めて確認をお願いします。ありがたいという意味の「幸いです」という言葉を添えて、より柔らかい表現にします。

●紹介をお願いしたいときは何と言う？

よろしくお取りなしのほど
お願いいたします

POINT 相手に第三者との関係を取り計らってほしいときは「お取りなし」という言葉を使って、お願いをします。相手に失礼がないように伺いを立てて、頼むようにしましょう。

● 相手に対応をお願いしたいときは何と言う？

善処いただきたく
お願い申し上げます

POINT　「対応してください」よりも「善処していただきたい」のほうが相手に配慮した頼み方になります。相手に物事を頼むときは、「○○してください」と言い切るのでなく、相手に伺うような表現で伝えるように心がけると、角が立ちません。

● 教えてほしいと相手に伝えたいときは何と言う？

ご教示いただけますでしょうか

POINT　教え示すという意味の「ご教示」という丁寧な言葉を使って、相手を立てた尋ね方をしましょう。ただ「教えてください」とお願いするよりも「○○さんに教えてほしい」という尊敬の気持ちを表現できます。

● 何とかしてほしいとお願いするときは何と言う？

何とかご配慮願えませんでしょうか？

POINT　むずかしいお願いをするときに「何とかしてください！」などと言っても、こちらの都合を押しつけるだけなので相手は聞く耳を持ってくれないでしょう。「配慮」という言葉を使って、謙虚な姿勢でお願いしましょう。

第3章　交渉・依頼

報告

CASE 11

報告は事実のみを簡潔に伝えることが大切です。また、悪い報告も、時間が経つと解決策がなくなっていくだけなので、早めに伝えましょう。

● 報告することは複数あるときは何と言う？ ⋯⋯⋯⋯⋯⋯⋯⋯⋯⋯⋯⋯⋯⋯⋯⋯⋯⋯⋯⋯⋯⋯⋯⋯⋯

○○について
ご報告が△点ございます

POINT 最初に報告する数を示すと、相手がわかりやすく話を聞くことができます。また、報告の数によってどのくらい話に時間がかかるのか予想ができ、相手は今聞くか、後で聞くかの判断もしやすくなります。

● 報告の際、自分の意見を言いたいときは？ ⋯⋯⋯⋯⋯⋯⋯⋯⋯⋯⋯⋯⋯⋯⋯⋯⋯⋯⋯⋯⋯⋯⋯

これは私見ですが⋯⋯

POINT 報告は基本的に事実のみを伝えるべきなので、主観を伝えるときは自分の意見であることを明確にして言います。自分の意見を伝えることで、積極性を示すこともできるので上司が忙しそうでないときは、使ってみましょう。

● 報告したうえで今後の進め方を確認したいときは？ ⋯⋯⋯⋯⋯⋯⋯⋯⋯⋯⋯⋯⋯⋯⋯⋯⋯

○○ということになりました。
今後は△△の方向で進めても
よろしいでしょうか

POINT 今後の進め方を相談するときには、「□□の方向でよろしいですか」と進め方の方向性を確認すると、こちらの考えが伝わって、上司も指示が出しやすくなります。

🔊 NOTICE 確認せず、自己判断で進めるのはやめましょう。

第3章 報告

169

● 中間報告をしたいときは何と言う?

○○の中間報告をさせていただきます

POINT　上司と自分の認識の間に齟齬が生じていることもあるので、進捗状況を報告し、スケジュールや方向性の確認を行いましょう。途中経過の報告は「中間報告」「現在の状況」といった言い方で報告します。

● 事後報告になってしまったときは何と言う?

事後報告になってしまい、申しわけございません

POINT　報告は基本的に時間を置かず、すぐにするものです。遅くなってしまったら、そのことを正直に伝えてきちんと謝罪してから報告します。ただし、報告の遅れで取り返しのつかない事態を招くこともあるので、事後報告には気をつけます。

● 問題なく進行していると伝えたいときは?

鋭意執り行っております

POINT　「鋭意執り行う」は「一生懸命励んでいる」という意味です。仕事が順調に進んでいるときでも、問題なく進んでいるということを報告しておけば、上司も安心できます。

 ADVICE　上司に確認される前に自ら報告する気遣いを。

●忙しそうな上司に報告したいときはどうする?

○○についてご報告があるのですが、△分ほどお時間よろしいでしょうか

POINT 報告がどのくらいかかるのか予測して、具体的な時間を上司に伝えます。時間を明確にすることで、上司も報告を聞く判断ができます。

 声をかけるタイミングは、忙しそうでないときを選んで。

●先方の反応がよかったことを報告したいときは?

先方の反応は好感触で、あと一歩で了承していただけそうです

POINT 上司は同行していないので、「いい感じでした」「まあまあでした」などの抽象的な表現では先方の反応が伝わりません。なぜそう感じたのかという客観的な事実とともに具体的に表現すると、上司は打つ手立てが見えやすくなります。

●報告が終わったら何と言えばいい?

ありがとうございます。では、このまま進めさせていただきます

POINT 報告が終わったからといって、無言で立ち去ってはせっかく時間を割いてくれた上司に失礼です。報告を聞いてくれたことに感謝を述べましょう。

 一礼してから席に戻ると、より丁寧な印象になります。

CASE 12 注意・指摘

注意したり、指摘したりするのは、気分がよいものではないでしょうが、伝えづらいことこそ正しい言い方を学んでスマートに伝えましょう。

● 取引先の間違いを指摘したいときはどうする？

何かの手違いかもしれないのですが、念のためご確認いただけますでしょうか

POINT たとえ相手が間違っていても、「間違っていますよ！」などと頭ごなしに指摘すると、失礼な言い方になります。「何かの手違い」「大変恐縮ですが」などのクッション言葉を挟む心遣いとともに確認を促しましょう。

● 以前頼んだことを相手が忘れているときはどうする？

そういえば先日お話した○○についてなのですが……

POINT 「△△と言いましたよね？」と相手を責めるような言い方は角が立ちます。「そういえば……」と切り出して、相手に頼んだことを思い出してもらうような言い方をすると、相手も対応しやすいでしょう。

● 自分の発言を相手が誤解しているときはどうする？

見解に相違があるようですので、改めてご説明させていただけませんか

POINT 相手の認識の違いを指摘するときは、改めて説明したいという旨を丁寧に伝えましょう。また、「誤解です」と言いきらず、「お互いの認識にズレがあるようですが……」など判断を含まない事実を述べると、相手に不快感を与えません。

第3章　注意・指摘

173

● 話が長い人にはどう対応すればいい？

要約いたします

POINT　話が長く「つまりどういうこと？」と要点がわかりづらい人には、「お話の途中で恐縮ですが」と断ったうえでこちらが理解できた話の要約を伝えて、合っているか確認します。

ADVICE　話を遮る際は、話の切れ目がよいときを狙います。

● 部下や後輩が自分の説明をよく理解していなかったらどうする？

先ほどの説明では、十分じゃなかったかもしれないからもう一度説明するね

POINT　「理解力が足りない」などと相手を責めても、萎縮されるだけです。こちらの説明がわかりづらかったことを前提にして、もう一度説明します。説明の途中で、部下が理解できているかどうか、確認するとなおよいでしょう。

● 部下の言葉遣いが気になったときはどうする？

今の言い方は、先方が不快に思うかもしれないから気をつけてね

POINT　ただ言葉遣いを注意するのではなく、正しい言葉遣いを一緒に教えてあげるとよいでしょう。また、なぜそうしたほうがよいのか理由を伝えると説得力が増します。相手が納得していない様子の場合は、相手の意見も聞きましょう。

●部下の仕事が遅いときはどうする？

仕事が丁寧なのはいいことだね。今度は少しペースをあげてみようか

POINT　「仕事が遅い」と一方的に判断して責めてはいけません。たとえば丁寧な仕事ぶりを褒めるなどよい面を認めながらスピードアップできるよう「ペースをあげてみよう」「○分完成を目指してみよう」と目標を作ってあげましょう。

●仕事が雑な部下には何と注意すればいい？

仕事が速いから助かるよ。加えて、もう少し丁寧にすることを心がけてほしいな

POINT　「仕事が雑」は「仕事が速い」とポジティブに変換して、まずはそのことを褒めます。その後に「○○をもう少し詳しく」などと具体的な指示を入れて、改善してほしい点を伝えると相手は受け入れやすくなります。

●部下に失敗の反省をしてほしいときはどうする？

今回の失敗は、何が原因だと思う？

POINT　頭ごなしに叱っても、何も解決しません。大切なのは相手に失敗の原因を考えてもらうことです。相手の考えを聞く姿勢とともに相談やアドバイスをすると、部下も失敗に向き合うことができるでしょう。

第3章　注意・指摘

175

監修者

西任暁子(にしと あきこ)

U.B.U. 株式会社　代表取締役。
大阪生まれ、福岡育ち。アメリカへ高校留学した後、慶應義塾大学総合政策学部に入学。在学中からFMラジオのDJとして第一線で活躍。国内外の著名人5000人から本音を引き出すインタビューを経験するなかで、話し手・聞き手両方の立場から「わかりやすく伝える方法」について探求を重ねてきた。独立後は「話し方の学校」を開校し、2年半に渡って学長として指導。現在は、スピーチやファシリテーション、コミュニケーションを軸に企業のリーダー育成に従事するほか、クリエイティブ・リーダーシップ養成講座を開講。人間の創造性を最大限に引き出すメソッドが各方面から高い評価を得ている。MCを務めるポッドキャストプログラム「マンツーマン英会話Gaba Gstyle English シチュエーション別英会話」は、毎月700万ダウンロードを超え、「iTunes Rewind オールタイム ベストビデオ Podcast」を3年連続受賞。また、歌手としても活動し、「言葉」と「声」の表現力を磨き続けている。著書に『「ひらがな」で話す技術』(サンマーク出版)、『話すより10倍ラク！聞く会話術』(ディスカヴァー・トゥエンティワン)、『本音に気づく会話術』(ポプラ社)。

U.B.U. 株式会社ホームページ　http://u-b-u.jp

タイプ別対処法を伝授！
伝わる話し方のコツ

2017年2月2日　初版発行

監修者	西任暁子　Nishito Akiko,2017
発行者	田村正隆
発行所	株式会社ナツメ社 東京都千代田区神田神保町1-52　ナツメ社ビル1F(〒101-0051) 電話03(3291)1257(代表)　FAX 03(3291)5761 振替00130-1-58661
制　作	ナツメ出版企画株式会社 東京都千代田区神田神保町1-52　ナツメ社ビル3F(〒101-0051) 電話03(3295)3921(代表)
印刷所	広研印刷株式会社

ISBN978-4-8163-6155-5　　Printed in Japan

ナツメ社Webサイト
http://www.natsume.co.jp
書籍の最新情報(正誤情報を含む)はナツメ社Webサイトをご覧ください。

本書に関するお問い合わせは、上記、ナツメ出版企画株式会社までお願いいたします。
〈定価はカバーに表示してあります〉〈乱丁・落丁本はお取り替えします〉
本書の一部分または全部を著作権法で定められている範囲を超え、ナツメ出版企画株式会社に無断で複写、複製、転載、データファイル化することを禁じます。

話下手な人でも
これさえ知っておけば大丈夫！
使えるフレーズ集

- ❶ 名刺交換……2
- ❷ 訪問……4
- ❸ 営業……6
- ❹ 交渉・依頼……8
- ❺ 断り……10
- ❻ 仲裁……12
- ❼ 報告……14
- ❽ 連絡……16
- ❾ 相談……18
- ❿ 会議・プレゼン……20
- ⓫ 電話をかける……22
- ⓬ 電話を受ける……25
- ⓭ お礼……28
- ⓮ お詫び……30

❶名刺交換

名刺交換はビジネスの基本です。相手に好印象を持ってもらえるよう、笑顔で明るい対応を心がけましょう。

● スタンダード

> ○○社の△△と申します。
> よろしくお願いいたします

POINT　相手の目を見てハキハキと少しゆっくりめに会社名、氏名を述べて、しっかり挨拶します。

● 名刺を切らしてしまったとき

> 申しわけありません。
> あいにく名刺を切らしております

 ADVICE　名刺を切らしたことをお詫びし、会社名、氏名を名乗ります。名刺を忘れた場合も「切らしている」という表現にします。

● 受け取った名刺の読み方を知りたいとき

> 恐れ入りますが、お名前は
> 何とお読みすればよろしいでしょうか

POINT　相手の名前の読み方がわからないときなどは、時間を置かずにその場ですぐに尋ねます。

● 目上の人に先に名刺を渡されたとき

お先に頂戴(ちょうだい)いたしまして、ありがとうございます。
○○社の△△と申します

POINT 先に名刺をいただいたことに対してお礼を伝え、改めて会社名、氏名を名乗ります。

● 前回会ったとき、名刺を渡し損ねていたとき

先日は失礼いたしました。
○○社の△△と申します

POINT 何らかの理由で名刺を渡せなかったときは、次に会ったときに前回渡せなかった非礼を詫び、改めて挨拶しましょう。

● 名刺をもらいたいとき

恐れ入りますが、
お名刺を頂戴してもよろしいでしょうか

不躾(ぶしつけ)な言い方にならないよう、クッション言葉を使って控えめに促すとよいでしょう。

● 名刺を渡すタイミングを逃したとき

ご挨拶が遅れまして申しわけございません。
○○社の△△と申します

POINT 挨拶が遅くなったことを丁重にお詫びし、改めて挨拶します。「申し遅れました」と言ってから名乗っても◎。

❷訪問

訪問する際、訪問先に迷惑をかけると自分だけでなく会社にも迷惑をかけることになります。細心の注意と気遣いが大切です。

● 受付で名乗る

> お世話になっております。○○社の△△と申します。
> 13時に××部の鈴木様とお約束をしております

POINT　相手に聞かれる前に自分から会社名、氏名を名乗り、アポイントの旨を伝えます。

● 案内され、入室するとき

> 失礼いたします

 部屋に案内されたら、入室する前に会釈を。上司が同行しているときは上司の後に入ります。

● 本題に入るとき

> 早速で恐縮ですが、
> 本題に入らせていただきます

POINT　いきなり本題に入る前に軽い雑談をすると場が和みます。雑談なのでキリのよいところで切り上げます。

4

● 手土産を渡すとき

こちら、お口に合えばよいのですが…

 ひと言添えて渡します。紙袋から出して、相手から見て正面になるように渡しましょう。

● 次の約束があると切り出すとき

お話の途中で大変恐縮ですが、
実は次の予定がありまして……

NOTICE　時間が近づいたら正直に伝えます。ただしこのようなことがないよう、アポイントの間は余裕を持たせます。

● 約束に遅れてしまったとき

貴重なお時間をいただいている中、
遅れてしまい申しわけございません

POINT　あってはならないことなので、丁重にお詫びします。続けて差し支えない程度に遅刻した理由も伝えます。

● 訪問先でもてなされたとき

お心遣いいただき、ありがとうございます

POINT　もてなしを受けたら「心遣い」と表現してお礼を伝えます。相手に何かをいただいたときも使えるフレーズです。

❸営業

商品を営業するために、まずは相手と会うアポイントを取ることが
必要です。明るく爽やかに話すよう意識しましょう。

●訪問目的や所要時間を伝える

> ○○の件で、15分程度
> お時間いただけませんでしょうか

POINT 用件は明確に伝えます。また、所要時間も併せて伝えると、相手が話を聞く判断がしやすいでしょう。

●商品を効果的に売り込む

> ○○様にぴったりの商品をご提案させていただきたいのですが、資料をお持ちしてもよろしいでしょうか

 商品の詳しすぎる話をすると、相手はそこで判断してしまいます。会って話を聞いていただける言い方を。

●約束してもらいたい日時の候補を挙げる

> 日時ですが、△日の14時以降、
> ○日ならどの時間帯でも伺えます

POINT こちらから具体的に都合のよい日時を提示すると、相手も調整しやすくなります。

◉質問に答えられないとき

恐れ入りますが、その件については
後ほどご連絡差し上げてよろしいでしょうか

🔊 NOTICE　質問がわからなくても、正直に「わからない」と伝えると「この人に任せて大丈夫かな」と信頼を失う可能性があります。

◉営業が成功したとき

このたびは誠にありがとうございます。
より一層ご満足いただけますよう努力してまいります

POINT　相手に心から感謝を伝え、今後もよりよいサービスをしていくと約束すると誠意ある対応になります。

◉次回の約束を取れたとき

先日はお時間いただきありがとうございました。
また、お話させていただきたいのですが
ご都合のよい日をお聞かせ願えますか

POINT　時間を取ってくれたことに心から感謝を述べ、相手の都合に合わせて次のアポイントを設定します。

◉退席するとき

貴重なお時間を頂戴しまして
ありがとうございました。
以後お見知りおきいただけると幸いです

 ADVICE　はじめてのアポイントのときは、このように顔や名前を覚えておいてほしいと念押ししても◎。

❹交渉・依頼

交渉するときも依頼するときも、自分の要求だけを押しつけず
丁寧な言い方を心がけるとスムーズに話が進みます。

●相手に提案をする

私見ではございますが、ひとつご提案をさせていただけますでしょうか

ADVICE 「私見ですが」「個人的な意見ですが」などとつけ加えてから意見を述べると、相手はニュートラルな姿勢で聞けます。

●値段がネックで断られたとき

コスト面にネックがあるのでしょうか

POINT 「ネック」は物事の進行を阻むという意味の「ボトルネック」の略称です。ビジネスでは問題点を挙げる際に使います。

●なぜ交渉が成立しないのか知りたいとき

恐れ入りますが、こちらが改善できる点がもしございましたらお聞かせいただけませんか

POINT 大切なのは、何が問題か明確にすることです。そのため相手が指摘しやすい言い方で尋ねるようにします。

● 無理なお願いをするとき

ご無理を申しまして、誠に恐縮ですが……

POINT 「むずかしいお願いであることを理解したうえで頼んでいる」という姿勢を示し、申しわけない気持ちを伝えます。

● 力を貸してほしいとお願いする

どうかお力添えいただけませんでしょうか

 「手伝ってください」と言うより、助けるの敬語表現の「力添え」を使って控えめにお願いしたほうが好印象です。

● 軽いお願いをする

差し支えなければ
○○していただけないでしょうか

POINT 「差し支えなければ」は「もしよろしければ」という意味です。「△△すると助かる」などと相手に配慮する言い方を。

● その人だからこそお願いしていると伝える

ほかならぬ○○さんだからこそ
お願いしております

POINT むずかしいお願いであっても、「ほかならぬ」と言って個人名を出すと相手の心に届きやすくなります。

❺ 断り

相手の要求やお願いを断るときは、角が立たないよう
柔らかい言い方をすることが大切です。

● できないと伝える

大変恐縮ですが、弊社では○○のためご希望にお応えするのがむずかしいかと思われます

POINT 「できません」などとはっきり言うと角が立ちます。引き受けられない理由を伝え、やんわりと断ります。

● 今回は断るが次回もよい関係を続けたいとき

残念ですが、今回は見送らせていただきます

「今回は」とつけることで、次回に可能性を持たせる言い方になります。「また機会がございましたら」と言っても◎。

● 引き受けたい気持ちもあるが断るしかないとき

お引き受けしたい気持ちは山々ですが……

本当は引き受けたい、断るのが心苦しいという気持ちは言葉にして伝えましょう。

● 代案を出しながら断る

○○ですとお引き受けいたしかねますが、△△でしたらお引き受けできます。いかがでしょうか？

POINT 代案をこちらから提示することで、相手の要望にできるだけ応えたいという姿勢を表します。

● 断るのは自分だけの考えではないと伝える

上の者ともよく相談したのですが……

POINT 自分だけの判断ではないと伝えると、相手も納得しやすくなります。少し時間を置くと、検討したことも伝わります。

● どうしても無理だと伝える

どうかご容赦ください

POINT 断っても相手がなかなか納得できないときに使います。相手の要望を理解している心苦しさを伝えられるでしょう。

● 上司の飲み会の誘いを断る

あいにく本日は予定がありまして……
また誘っていただけると嬉しいです

ADVICE 断りにくくても、曖昧(あいまい)な返事はせず、理由を述べて丁寧に断ります。「次回はぜひ」と添えると、好印象です。

❻仲裁

対立している間に入って仲を取りもつことを求められたら、
感情的にならず冷静な対応を心がけましょう。

●仲介している業者同士が目の前で揉め出したとき

一度、それぞれのお話を
お聞かせくださいますか

POINT　両者に角が立たないよう、あくまで中立の立場をとります。双方の主張を整理して場を落ち着かせることを優先します。

●上司が部下や同期に感情的に怒っているとき

お怒りはごもっともですが、○○にも事情があるかと存じます。話をお聞きいただくことはできませんか

POINT　上司の気持ちを受け入れたうえで、話し合いの場を持ってもらえるようにお願いしましょう。

●部下同士が揉めているとき

ひとりずつ意見を聞かせてもらえますか

　お互い、相手の意見に対して感じたことをひとつずつ話していけばお互いを聞くことができ、解決の糸口が見つかりやすくなるでしょう。

◉会議で意見がぶつかっているとき

どちらも素晴らしい意見ですね。
さらに整理して、まとめましょう

POINT 「どちらも素晴らしい」とそれぞれの主張を認めることで、話がスムーズに進みやすくなります。

◉誤解が生じたことで揉め事に発展しているとき

すれ違いや誤解が原因の場合もございますので、
一度状況を整理しましょう

POINT 「場合もある」「かもしれない」といった言い方は、断定口調よりも相手に抵抗感を与えません。

◉下請け会社の意向を上に伝えるとき

おっしゃるとおりです。
ただ、○○社には負担が多すぎるようです

POINT 客先の意見をまず受け入れてから下請けの主張を伝えるようにしたほうが、相手の聞く態度が柔らかくなります。

◉電車内で乗客同士がけんかしたとき

ほかのお客様もいらっしゃいますので、
少し声を落としてお話しませんか

NOTICE 「静かにしてください」と伝えても、かえってヒートアップする場合があるので注意しましょう。

❼報告

報告は事実のみを簡潔に伝えることが大切です。
どのような状況でどのような結果になったのかを正確に伝えましょう。

● 結果を報告する

○○となりましたので、ご報告いたします

POINT 「結論から先に」が報告の基本です。ほかに相談することがあっても、まずは簡潔に結果を伝えましょう。

● 急ぎで報告する

取り急ぎ、ご報告いたします

POINT 急ぎで手短に用件だけを伝える際は、「取り急ぎ」と使って報告します。

● 進捗状況を報告する

現在○○まで進んでおります

 具体的にどこまで進んでいるかを報告することで、相手に安心を届けます。

● スケジュールの遅れを報告する

○○の件ですが、△△というトラブルがあったため□日ほど遅れています

ADVICE 遅れている理由をしっかり伝えることで、相手の不信感を和らげることができます。遅れる日数は正確に伝えます。

● 既にメールで伝えていることを口頭でも報告するとき

○○ということになりました。メールでも同じ内容を送りましたので、ご確認をお願いいたします

ADVICE 内容が重要なメールは、電話でも「ご確認をお願いいたします」と一報を入れましょう。

● クレームがあったとき

○○について、△件クレームがありました

NOTICE 解決したことでも必ず上司に報告しましょう。会社全体の問題なので報告しづらいからと黙っていてはいけません。

● 上司の不在時に電話があったとき

△△様より、□時にお電話がありました。○○の件だそうです

POINT いつ、誰から、どんな要件で電話がかかってきたのか、メモを残すだけでなく、本人に口頭でも伝えるようにします。

15

❽連絡

連絡は直帰する際や会社に遅刻しそうなときのほかに、仕事で
変更事項があった際などにします。正確に迅速な対応が求められます。

▼

●会社に遅刻しそうなとき ……………………………………………………………………

電車が遅れているため、○分ほど遅刻して
しまいます。申しわけありません

POINT 数分の遅刻でも、上司に必ず連絡しましょう。遅刻する理由
と到着予定時間も伝えるようにします。

●会社を休みたいとき ……………………………………………………………………………

熱がありますので、本日は
休みをいただけないでしょうか

🔊 NOTICE 事前に申請している場合でも上司が忘れていることもあるの
で、2〜3日前に再度伝えると安心です。

●会社を早退したいとき …………………………………………………………………………

○○のため、本日早退させていただきたいので
すが、よろしいでしょうか

POINT 早退理由を必ず伝えます。事前に早退することがわかってい
る場合は、その時点で上司に申請するようにしましょう。

● 帰社する前に

ただいま○○社との打ち合わせが終わりました。△時くらいに会社へ戻る予定です

 帰社時間を伝えたうえで「私宛に何か連絡はありましたか」と、緊急の用がないか自分から確認するとよりいいでしょう。

● 直帰の許可をもらうとき

私宛の連絡などが入っていなければ、このまま直帰させていただきたいのですが、よろしいでしょうか？

NOTICE 緊急で対応しなければならない案件が発生したかもしれません。ひとりで判断せず必ず会社に確認を。

● 打ち合わせ日時を上司に連絡する

△社との打ち合わせ日程ですが、○月○日○曜日の□時からになりました。場所は□□です

POINT メールで伝えている場合でも、口頭でも伝えておくとより安心できます。

● 打ち合わせ日時の変更を連絡する

□社との打ち合わせですが、○月○日から△月△日に変更になりました。ご確認をお願いいたします

NOTICE 日時の変更はわかり次第、すぐに上司に伝えます。後回しにすると忘れてしまうので、注意を。

❾相談

相談する際は、相手に丸投げするのではなく、
ある程度「自分はこうしたい」と考えをまとめておくことが大切です。

●上司に相談ごとがあると話しかける

○○の件でご相談があるのですが、今お時間よろしいでしょうか

> **POINT** 相手の状況を見て声をかけましょう。相談の内容が重要な場合はしっかり時間が取れるタイミングを計ります。

●自分の考えを伝える

私は○○したいと思っているのですが、いかがでしょうか

> **POINT** 相手に投げっぱなしにせず、自分の意見を事前にまとめて、伝えられるようにしておきましょう。

●考えを聞かせてほしいと伝える

○○さんのご意見を伺いたいのですが……

相手の意見を聞くときは、相談に乗ってもらっている立場をわきまえて丁寧な言い方でお願いしたほうがよいでしょう。

● 協力してほしいと伝える

○○さんのお力を貸してください

POINT 自分では判断できないようなことなどは、素直に助けてほしいとお願いしましょう。相手も頼られて悪い気はしません。

● 誰に相談していいかわからないがとりあえず相談するとき

○○の件なのですが、
△△さんに相談してもよろしいでしょうか

 相談内容によっては、相手が対応できないことも。概要を伝えて、このまま相談を続けてよいものか、素直に尋ねます。

● 残業できないと相談する

申しわけありません、本日は予定があるので失礼させていただけないでしょうか。代わりに明日早く出社して取り組むことで間に合うでしょうか

POINT 正直に帰らなければいけないことを伝えてお詫びしたうえで、帰る代わりにどのような対策を取るか確認します。

● 頼まれていた仕事の期限を延ばしてほしいとき

○○の件ですが、△△のため予定より遅れています。期限を一日延ばしていただけないでしょうか

 なぜ遅れているのか理由を伝え、具体的にいつ提出できるのかという期日とともに丁寧にお願いしましょう。

❿会議・プレゼン

会議で意見を言うときは結論から述べ、理由を簡潔に伝えるようにします。また、プレゼンではメリハリをつけて話すよう意識します。

● **会議で発言する**

発言してもよろしいでしょうか

POINT 急に話しはじめるのではなく、手を挙げて議長の許可を得てから発言をするのがマナーです。

● **自分の考えに対して意見がほしいとき**

私の考えについてご意見を
お聞かせ願えませんか？

 意見を聞きたい目的を伝えると、相手もどの観点から意見を言えばいいのかわかりやすくなります。

● **人の意見に同意する**

私は○○さんの意見に賛成です。
なぜなら……

POINT 単純に「賛成です」というよりも、意見に同意する理由を伝えることで、意図を伝えられます。

● 会議の内容が横道にそれたとき

おもしろいお話でもう少し聞いていたいところですが、本日の議題に話を戻しましょう

「おもしろいお話ですが」などワンクッション挟んでから話を本題に戻すと、「注意された」という意識を和らげることができます。

● プレゼンの挨拶

○○社の△△と申します。今日は貴重なお時間を頂戴しましてありがとうございます

第一声は大きな声でハキハキと話します。相手の貴重な時間をいただいているという感謝の気持ちを伝えましょう。

● プレゼンで質疑応答に入るとき

では、質疑応答に入らせていただきます

プレゼンと質疑応答は明確に分けます。「後ほど質疑応答の時間を取らせていただきます」と伝えておくとよいでしょう。

● 自分のプレゼンが終わったときの挨拶

ご清聴ありがとうございました

相手が時間を使ってくれたことに対してお礼を述べます。結果が出たら、検討してくださったことへのお礼も忘れずに。

⑪電話をかける

電話をかける前に、かける目的を整理して何を相手に伝えたいかを考えましょう。明るくハキハキと話すよう意識します。

● 名乗って挨拶する

> ○○社の△△と申します。
> お世話になっております

POINT 誰かわからない相手に挨拶されても相手は困惑します。会社名、氏名を名乗ってから挨拶しましょう。

● 相手を呼び出す

> 恐れ入りますが、
> ○○様をお願いできますでしょうか

 相手に時間を取ってもらっていることから、「恐れ入りますが」などとクッション言葉を入れて感謝を伝えます。

● 電話を切るとき

> それでは失礼いたします

POINT 用件が済んだからといってすぐに切らず、必ずひと言添えるようにしましょう。かけた側から切るのがマナーです。

● 電話をかけて相手が不在だった

何時ごろにお戻りになられますでしょうか

 相手が不在だった場合は、まずは相手の戻り時間を確認します。戻り時間によってその後の対応を考えましょう。

● 後でかけ直すと伝える

後ほど改めてお電話差し上げます

 相手がすぐに戻るようならこちらからかけ直すよう伝えます。伝えられた戻り時間の5～10分後にかけ直しましょう。

● 伝言をお願いする

恐れ入りますが、ご伝言をお願いしても よろしいでしょうか

 「お手数ですが」などのクッション言葉を忘れずに。伝言をお願いした人の名前も確認しておきましょう。

● 折り返しの電話をお願いする

お手数ですが、○○様がお戻りになられましたら 折り返しお電話をいただけますよう、 お伝え願えませんか？

 できるだけ早く連絡がほしいときはこちらの電話番号を伝え、相手が戻り次第連絡してくれるように頼みましょう。

●緊急なので担当者の携帯番号が知りたいとき

恐れ入りますが、急ぎでご連絡したいことがありますので、〇〇様の携帯番号をお教えいただけないでしょうか

ADVICE　聞き間違いが起きないよう、教えてもらった番号は復唱して確認を取りましょう。

●担当者の名前がわからないとき

〇〇の件についてお伺いしたいのですが、ご担当者様はいらっしゃいますでしょうか

POINT　会社名、氏名を名乗ったうえで、聞きたい内容をしっかり伝えて担当者を探してもらいます。

●はじめての相手に電話する

突然のお電話で失礼いたします

POINT　はじめて電話していることが伝わりやすいよう、突然電話したことをお詫びしたうえで会社名、氏名を名乗ります。

●間違い電話をかけてしまったとき

申しわけありません、番号を間違えました

NOTICE　何も言わずに電話を切るのはNG。番号が表示される電話も増えているので、クレームにつながることがあります。

⑫電話を受ける

電話が鳴ったら3コール以内に取るようにし、会社の代表として電話を受けていることを念頭に明るいトーンで話しましょう。

▼

● 名乗って挨拶する

はい、○○社です。
いつもお世話になっております

POINT 第一声が相手の印象を左右するので、普段より明るいトーンで話すことを意識しましょう。

● 取り次ぐとき

○○でございますね。
少々お待ちいただけますでしょうか

◀)) NOTICE 取り次ぐ人の名前を復唱して確認してから、保留ボタンを押して取り次ぎます。身内敬語に注意しましょう。

● 同姓の人がいるとき

恐れ入りますが、○○は2名おります。
部署はおわかりになりますか?

POINT こちらから「男性の○○でしょうか」「部署はおわかりになりますか」と取り次ぐ相手を絞り込むための質問をします。

● 電話を取るのが遅くなったとき

お待たせいたしました。〇〇社です

POINT 電話は3コール、約10秒以内に出るのが鉄則。遅れてしまった場合は、待たせてしまったことに触れて応対します。

● 担当者が不在であることを伝えるとき

申しわけありません、〇〇はただいま、席を外しております。お急ぎのご用件でしょうか

 指名された人物が不在ということだけなく、こちらから緊急具合を尋ねるとよいでしょう。

● 担当者が欠席であると伝えるとき

申しわけありません、〇〇は本日お休みをいただいております。△日には出社する予定です

POINT 「休みをいただく」とへりくだった言い方を。いつになれば連絡が通じるのかもこちらから伝えます。

● 伝言を承るとき

〇〇ということですね。かしこまりました、申し伝えます

 相手から受けた伝言は、必ず復唱して確認します。この際、「私、〇〇が承りました」と名乗ると安心してもらえます。

●相手の電話番号を聞くとき

恐れ入りますが、電話番号を伺ってもよろしいでしょうか

 現時点でこちらからかけ直す予定がなくても、連絡先は必ず聞いておきましょう。

●セールスの電話だとわかったとき

申しわけありません、必要になりましたらこちらからご連絡させていただきますので……

 断るべきセールスは曖昧(あいまい)にせず、はっきり断ります。「社員の親戚が同じ商品を扱っているので……」などの理由を伝えるのも◎。

●相手の声が聞こえづらいとき

お電話が少し遠いようなのですが、もう一度お願いできますでしょうか

◀)) NOTICE　たとえ相手の滑舌や電話環境が悪くても、ストレートに指摘するのは失礼です。

●相手が名乗らないとき

差し支えなければ、会社名とお名前をお聞かせ願えますか

 誰かわからない電話を取り次ぐのはNG。こちら側が名乗ると、相手も名乗りやすくなるでしょう。

⓱お礼

お礼を伝える際は、時間を置かずにすぐに伝えるようにします。状況に合わせて感謝の気持ちを伝えるとよいでしょう。

● 深く感謝する

誠にありがとうございます

POINT 少しかしこまった場面や、丁寧にお礼を伝えたいときに使います。「お礼申し上げます」とも言い換えられます。

● お世話になったことに対してお礼を言う

大変お世話になりまして、ありがとうございました

 いつ、どんなことでお世話になったのか具体的な話をつけ足すと、感謝の気持ちがより伝わりやすくなります。

● 無理なお願いを聞いてくれたことにお礼を言う

無理を申しましたが、ご対応いただきまして誠にありがとうございます

POINT 決して仕事だから当たり前という態度は取らず、こちらも「無理なお願い」であることを認めたうえで丁寧に感謝を伝えます。

● 打ち合わせなど面会してもらったことにお礼を言う

お忙しい中、お時間を取っていただきありがとうございました

POINT 打ち合わせが終わったら時間を置かず、その日のうちに伝えるよう心がけましょう。

● 品物をもらったとき

○○をいただき、ありがとうございます。おいしく頂戴(ちょうだい)しました

 相手の気遣いに感謝するだけでなく、いただいた物に対する短い感想をつけ加えると相手に気持ちが伝わるでしょう。

● 納期を先延ばしにしてもらったとき

私どもの事情をお汲(く)み取りくださり、誠にありがとうございます

POINT こちらの事情を相手が理解してくれたことに、丁寧に感謝します。「お汲みくださいまして」とも言い換えられます。

● 褒(ほ)めてもらったことに対してお礼を言う

大変光栄です。ありがとうございます

NOTICE 舞い上がらず謙虚な姿勢で感謝の気持ちを表します。ただし、「私なんて……」と謙遜しすぎるのは逆に失礼です。

⓮お詫び

自分の非を素直に認め、誠意を持ってお詫びすることで気持ちが伝わります。メールではなく電話や対面で伝えるのがマナーです。

◉深くお詫びする ....

誠に申しわけございません

POINT 「すみません」は「申しわけございません」と言い換えるのがマナー。深い謝罪をするときは「誠に」や「謹んで」を添えます。

◉反省していると伝える ....

深く反省しております

POINT 謝罪をするだけにとどまらず、深く反省していることを伝えると、自分の非をしっかり受け止めていることが示せます。

◉忘れていたことをお詫びする ....

大変申しわけございません。失念しておりました

POINT 「忘れていた」は「失念していた」と言い換えましょう。無駄な言いわけはせず、率直にお詫びの気持ちを伝えます。

30

●自分の責任だと伝える

私の不徳のいたすところです。申しわけございません

POINT 自分が引き起こした失敗について非を全面的に認め、謝罪するフレーズです。深く反省している様子が伝わります。

●部下のミスをお詫びする

私の監督不行き届きにより、ご迷惑をおかけして申しわけございません

 自分の指導不足が原因であったことを真摯に謝罪します。責任逃れをしたり言いわけしたりするのはNGです。

●ミスをくり返してしまったとき

たび重なる失態、お詫びの申し上げようもございません

POINT ミスをくり返してしまった場合は「お詫びのしようもない」と最大限の謝罪の言葉を述べます。

●今後は気をつけると伝える

今後はこのようなことがないよう、細心の注意を払ってまいります

 「社員一同厳重に注意いたします」などと加えると、会社の総意であることが伝わります。